小学校国語科

単元を貫く！

「問い」のある言語活動の展開

―「考える力」が伸びる！読みの授業の新提案―

香月正登 編著
田川郡小学校国語教育研究会 著

明治図書

はじめに

国語科における「問い」の問題を意識しはじめたのは，今から十数年ほど前。段落や場面に閉じられた「縦の読み」から段落や場面を貫いた「横の読み」へと，テキスト全体を「丸ごと問う」ことを提案したのがきっかけである。

前著『子どもの思考を「見える化」する！　「考える」国語のノート指導―「問い」と「答え」で結ぶ授業づくりの新提案―』では，その「問い」を提案の柱として，国語科の指導でもっとも手薄なノート指導の側面から授業づくりに切り込んでいる。「問い」を全面に押し出したノート指導の改革の書である。

そして，本書は，その続編となる。「言語活動の充実」を課題に，「問い」を再考し，「問い」のある言語活動の展開を提案する。具体的には，以下の点を明らかにしている。

- 「問い」が備えるべき要件
- 解釈と評価の「問い」―PISA 型読解力の援用―
- 教材の特性からの「問い」の発想法
- 「問い」で貫く単元の構成法
- 「問い」を深める授業の展開法

「問い」は，「言語活動の充実」の要である。「問い」があるからこそ，全体を見通し，ことばの関係が見えてくる。「問い」続けること，「問い」の「答え」を見つけていくこと，「答え」を見つけるプロセスを再考すること，その連続性・発展性の中で，言語活動の中身は，担保されていくのである。そして，それを具現化するために，フォーマットとして示したのが単元化シートであり，授業化シートである。「問い」の構成と展開に絞り，シンプルに授業づくりに臨めるようにしている。

本書には，説明文６本，文学６本，計12本の実践を掲載している。いずれも，構想を吟味し，実践を潜らせ，さらに検討し，また別の形で実践と，その積み重ねの中で生まれた実践プランである。単元化シート，授業化シートにその詳細を表し，できる限り再現できるように努めている。また，２・３章のコラムには児童作品を紹介した。ぜひ参考にしてほしい。

本書で，実践を執筆してくださったのは，田川郡小学校国語教育研究会の先生方である。私の主張を周知してくださり，無理難題にも果敢に挑戦してくださった先生方である。研究会を先導されている桑野徳隆校長先生，渡邊伴子校長先生をはじめ，執筆の先生方には，ただただ頭の下がる思いでいる。

最後に，こうした取り組みに価値を見出してくださり，出版の労を取ってくださった明治図書編集部・木山麻衣子様に心から感謝したい。

編著者　香月正登

Contents

もくじ

第3章 説明文
「問い」のある言語活動の展開プラン…73

Column 児童作品と指導のポイント

「ことばの力」を育てる！

「問い」のある言語活動の展開

1 「問い」のある言語活動の展開 ―「問い」が言語活動を充実させる！―

1 言語活動の充実の問題

言語活動を通して「ことばの力」を育てることは，国語科の指導原理である。泳がずして泳力を伸ばすことはできない。しかし，言語活動だけでは「ことばの力」が育たない。言語活動の充実の難しさである。

そもそも言語活動には体系がない。この学年で，この言語活動をすれば，この「ことばの力」が育つなどと決まっていない。「紹介文を書こう！」といっても，１年生には１年生なりの紹介文がある。６年生には６年生としての紹介文がある。紙芝居も，パンフレットも，パネル討論も，すべては，表現形式の問題で，その言語活動に，どのような学びを埋め込んでいくかを決めるのは私たちである。

言語活動は，言語を駆使する実践の場。そこには，外側から見える「話す・聞く，書く，読む」という身体的活動と，その内側で行われている「思考・判断」という知的活動の２つの側面が動いている。その二側面が連動して充実が図られる。数式で表すなら下のようなかけ算になるだろう。

言語活動の充実　＝　身体的活動性　×　知的活動性

言語活動の充実が重点化されて以来，どんな言語活動ができるか，どう言語活動を遂行するかに力が注がれている。しかし，本質的に目を向けなければならないのは「ことばの力」である。「ことばの力」を育てるための言語活動という発想が必要である。

身体的活動性とともに，いかに知的活動性を保障できるか。ここに言語活動の充実の生命線がある。

2 「問い」のある言語活動の授業

知的活動性を保障し，身体的活動性を高める。そのために，国語科にもっとも必要なもの，それはことばへの「問い」である。「問い」とは，言い換えれば授業課題である。

国語科の授業課題は，その多くが「～しよう。」である。「～しよう。」だから，その答えは，「～した。」となる。子どもたちが目を向けるのは，主に身体的活動であり，知的な側面への着眼は弱い。まるで，はい回りを助長しているかのように見える。

「問い」のある言語活動の授業課題は，当然，「～だろうか？」である。言語活動を高めるための思考・判断の着眼点である。その答えは，「～である。」となる。子どもたちが目を向けるのは知的な側面で，身体的活動を行いつつ，「なぜなら」と確かな理由づけを図る。「問い」で貫かれた学びは，常にフィードバックをくり返し，活動に流れることはない。「～しよう。」は，「～だろうか？」によってしか質が担保されないのである。

また，「読むこと」の場合，読むという行為自体が「問い」の連続である。想（思いや考え）をつくり，その想を問い直し，新たな想をつくる。そして，また問い直す。ストーリーを楽しむ，情報を知るだけなら初読の読みで十分である。しかし，自分の想を対象とし，テキストを構造的に読み解く再読の読みには，「問い」という必然が必要なのである。そうしたプロセスを経て発露された表現は，実に確かで豊かである。

全部は

ほおの葉　ほおの葉
あの葉をかけてくれなきゃ言わなかった言葉
ほおの葉　ほおの葉
あの葉をかけてくれなきゃなかった信らい
おにの子　おにの子
あの子があんなに美しい心を持ってなきゃなかった安心

全部はあの時　全部はあの子　全部はあの日

これは，「わにのおじいさんのたから物」（学図３年下）を詩に表現したものである。「物語を詩に表そう！」が身体的活動としての言語活動である。宝物を知らないおにの子に，命をかけて守ってきた宝物を託すわにのおじいさん。その思いが見事に表現されている。

では，知的活動としての「問い」はといえば，「わにのおじいさんは，がっかりしたかな？」である。おにの子は，託された宝物の地図をたよりに宝物を探す。そして，ようやくたどりついた宝物の場所で美しい夕焼けにつつまれる。おにの子は，わにのおじいさんの宝物が足もとに埋まっていることには気づかない。その夕焼けが宝物なのだと感動する。物語は，ここで終わり。この結末をわにのおじいさんは望んだだろうか？

わにのおじいさんの宝物，おにの子が見つけた宝物を想像したり，確かめたりした後，先の「問い」を投げかける。子どもたちは，「がっかりしただろうな。」と共感を表す。しかし，これで終わらない。「嬉しかったんじゃない？」「全部，がっかりじゃないと思う。」という声も聞こえる。子どもたちの中にズレが生まれ，「問い」が共有される。がっかりした派の子の考えは，「命がけで守ってきた宝物をあげたんだから見つけてほしかった。」である。「『心おきなくあの世に行ける』って書いてあるけど，心おきなくあの世に行けない。」とも。一方，嬉しさもある派の考えは，「宝物を知らないおにの子が，はじめて自分の宝物を見つけたんだから。」「わにのおじいさんは宝物をあげたんだから。」である。そもそも，なぜ，わにのおじいさんは，宝物をおにの子にあげようと言ったのか。それは，「死んだんだ」と思ったわにのおじいさんに，「朝だったのが昼になり，やがて夕方近く」になるまで，わにのおじいさんの体にほおの木の大きな葉っぱをかけて暖かくしてあげようとしたからである。「わにのおじいさんは，こうなることがわかってた。」という考えには大きくゆさぶられる。さらに，「題名の『たから物』は，わにのおじいさんが命がけで守ってきた『たから箱』？」と問うと，おにの子の優しさ，心の美しさを子どもたちは口にする。物語のメッセージ性への気づきである。

このように「問い」のある言語活動の授業は，テキストの論理を読み解き，言語活動の質的保障を可能にする。活動一辺倒の国語の授業とは一線を画する。確かに，「問い」を見つけ出すことは容易なことではない。しかし，「問い」のない授業は，もはや授業とは言えないのではないか。そんな思いもある。「問い」の連続性・発展性こそが，子どもたちの知的活動性を保障し，言語活動の充実をつくるのである。

3 「問い」の備える要件

「問い」が言語活動の充実をつくる。本書のコンセプトである。では，「問い」を示せば知的活動性が保障できるのかと言えば，それはあり得ない。「問い」の如何によっては，学びそのものが成立しなくなる。「問い」には「問い」の備えるべき要件がある。

まず，第一の要件は，テキスト全体を丸ごと問う「問い」である。「問い」のある国語の授業は，ことばの論理を核にする。「なぜ，そう読めるのか。」「なぜ，そう感じるのか。」をことばの関係において明らかにする。テキストの部分と部分，あるいは，全体と部分をつないで，自分の読みを形成する。

そのためには，テキスト全体を丸ごと問う必要がある。論理とは，平たく言えば「つながり」である。つながりは，全体を俯瞰して見えてくるものである。ことばとことばがどう関係しているのか，それが全体の何を醸し出しているのか。全体を問うことで，ことばの関係が構造化される。ところが，ある場面，ある段落に閉じられてしまうと，全体が見えないままに，部分，部分の抽出になる。よって，理由づけは浅いものになる。

「問い」を全体と部分の関係でとらえると，全体から部分への「問い」，部分から全体への「問い」の二つの方向性がある。いずれの場合でも，思考・判断は，全体に及ぶことが「丸ごと問う」の意味である。

第二の要件は，ズレを引き起こす「問い」である。ズレとは，読み手と読み手，読み手とテキストの間に相違が生じ，読み手の中に対立や葛藤が起きることをいう。

ところで，「問い」というと，それは，発問なのか（教師の提示なのか），子どもから出た疑問なのかという質問をよく受ける。しかし，それはどちらでもあり得る。どちらになるかは，しかけ方によっても，子どもたちの育ちによっても異なるだろうし，どちらが優れているという優劣は考えていない。大事なのは，どちらであっても，子どもたち相互のやり取りの中でズレが起こり，それが授業課題として共有化されたかどうかである。

では，どのような「問い」がズレを引き起こすのか。それは，子どもたちの思考・判断を問うことである。それぞれの思考・判断には，必ずと言っていいほど相違が生まれてくる。たとえ同じ立場に立ったとしても，そこには温度差がある。「問い」の形としては，次のような形がある。

・～は，Ａか，Ｂか？
・どちらが，～か？
・～は，～か？
・～は，どれぐらいか？
・～は，どこか（何か）？

子どもたちの思考・判断は，子どもたちの情意的な側面も含んで，主体的で，個別的である。だから，必ず我に返ってくる。「問い」は，読みを検証しつつ創造する視点として機能していくのである。

最後の要件は，「ことばの仕組み」が見える「問い」である。「ことばの仕組み」とは，「テキストの表現を成り立たせていることばのかかわり合い」である。ことばの関係を，テキストを成立させている「仕組み」として，強調して表している。

国語科は，教科内容が曖昧な教科である。イメージと感覚，なぞりと確認に代表される国語科のはい回りは，この曖昧さに起因する。しかし，「問い」に対する「答え」に，確かな根拠がもてないような「問い」なら同じ轍を踏む。「問い」の中に，「ことばの仕組み」が組み込まれていることが絶対の条件である。そのためにも，テキスト固有の教科内容に着眼して「問い」づくりを進める必要がある。以下は，その主となる着眼点である。

＜説明文の着眼点＞

・題名
・文章構成
・事例相互の関係
・編集（図表，グラフなど）
・文体・技法

＜物語文の着眼点＞

・題名
・場面展開
・中心人物の変容

・登場人物の関係

・描写・技法

「ことばの仕組み」を抜きにして,「私の読み」の創造はない。「ことばの仕組み」が見えるか,見えないか。それは,国語科が国語科として成立するかの大きな分かれ目である。

以上,「問い」の備えるべき３つの要件である。では,先に挙げた「わにのおじいさんのたから物」の「問い」を３つの要件から考察してみる。「わにのおじいさんは,がっかりしたかな？」は,結末を知らないわにのおじいさんが結末を知ったらと仮定しての「問い」である。ある場面を想定して,わにのおじいさんの心情を問うているが,その思考・判断は,これまでの場面展開を総動員して考えなければならない。部分から全体への「問い」である。ズレという側面から見ると,がっかりと嬉しいでズレたり,本当にがっかりもあれば,がっかり半分,嬉しさ半分もあったりする。「えっ,どっち？」と「問い」が共有化される。さらに,「問い」は,教科内容として何を問うているかと言えば,おにの子とわにのおじいさんの人物関係である。授業後半は,その人物関係から題名の意味にまで考えが及んでいる。そうした読みの検証と創造が,最後の詩作へと結実しているのである。

4 解釈と評価の「問い」

解釈と評価の「問い」とは,PISA 型読解力を援用した「問い」である。基本的には,「問い」の３つの要件を下地にしているが,より思考力・判断力・表現力の育みを考えたとき,単元設計として取り入れたい考え方である。これは,田川郡小学校国語教育研究会で独自に研究されてきた内容でもある。

PISA 型読解力は,周知の通り,「情報の取り出し」「解釈」「熟考・評価」「論述」から成る。論理性を重視し,確かな根拠に裏打ちされた「自分の考え」を形成する読解のプロセスである。中でも,解釈と評価は,読解の課題として指摘されている。では,解釈の「問い」とは,評価の「問い」とは,どのような「問い」であろうか。

解釈とは,読み手がテキスト内の「ことばの仕組み」を手がかりに,テキストを構造的に把握したり,説明したりする行為である。情報の取り出しが,「何が,どのように書かれているのか？」という読みであるのに対し,解釈とは,「なぜ,そう読めるのか？　なぜ,そう書かれているのか？」という読みである。読み手は,テキスト内の登場人物や筆者に寄り添いつつ,推論しながら自分の解釈をつくる。解釈には多様性があり,すべての解釈が一致することは稀だが,解釈の妥当性は,検証すべきである。

例えば,「海のいのち」(東書６年)である。子どもたちの「感動的！」という読後感をもとに,「この感動をポスターに！　－海のいのち－」を設定する。そこで,解釈の「問い」としたのは,次の３つである。

・太一が父が死んだ瀬にもぐる目的は何か？

・太一は，「本当の一人前の漁師」をあきらめたのか？

・対人物は，お父か，与吉じいさか？

いずれも，中心人物・太一の視点に立ち，太一の心情の変化，太一とお父，与吉じいさとの関係を探りながら，テキストを解釈していく「問い」である。「太一は，瀬の主に会ってみたかったのではないか？」「太一は，とらないことが本当の一人前の漁師ということに気づいたのではないか？」「太一は，ずっとお父を求めていたのではないか？」など，根拠が確かになればなるほど，読みは創造的になる。

一方，評価とは，解釈を含みつつ，それは「自分にとってどうなのか？」という経験への位置づけの問題である。評価というと大そう難しいことのように感じるが，私たちは，日常の生活で絶えず評価をくり返している。おもしろいとか，わかりやすいとか，役に立つなどである。「海のいのち」の中で，評価の「問い」としたのは，次の２つである。

・母を描く必要があったのか？

・「海のいのち」は，感動的な物語か？

どちらも，テキスト全体を俯瞰し，読み手そのものの見方・考え方を問うている。母を描く必要があったのか，なかったのか。感動的な物語であるのか，ないのか。それは，読み手自身の問題である。あくまでも主は，「わたし」である。しかし，その主観と主観の対立や葛藤がテキストとのかかわりを強くする。「母の２回の登場は，太一の漁師としての成長を強く印象づけている。太一を見守る母も，お父と同じくらい大事。」「海のいのちは，もう少し，太一の悩みや苦しみが語られてもよかった気がする。でも，今のままのほうが海が美しく見える。」など，テキストの分析とともに，「自分の読み」が形成されている。主観だからといって，読みを自己内に閉じてしまうのは，読み手の成長を妨げる。評価という，「わたし」にふりかかる読みだからこそ，異質な読みに出会う必要がある。

とは言え，解釈と評価の線引きは難しい。どちらも，思考・判断し，「ことばの仕組み」を根拠として，テキストの意味づけを行っている。どちらにも，読み手の経験知は，大きく関与する。ただ一点，読みの視点がテキスト内にあるか，読み手自身にあるかは，相違点として注意しておきたい。

しかし，もっと大事に考えておきたいのは，解釈と評価は，連動して動くということである。単元構成では，本書でもそうだが，「解釈→評価」という流れを取る。ところが，解釈の妥当性を検証していると，評価へと広がるときがある。評価の客観性を検証していると，解釈へと戻るときがある。つまり，解釈と評価は双方向である。さらに言えば，「情報の取り出し」からはじまる一連のプロセス自体が行きつ戻りつの関係にある。そうやって，再考を重ねていくところに，言語活動の充実がある。中でも，解釈と評価は，その核心部分である。

本書では，「問い」のある言語活動の展開を，解釈と評価に視点を当てて提案している。その連動性に注目していただけると幸いである。

2 「問い」を生み出す教材研究
―教材の特性から発想する―

1 教材の特性から「問い」をつくる

教材には，それぞれ持ち味がある。その持ち味を醸し出している書き手の工夫を「教材の特性」という。そこには，学ぶべき「ことばの仕組み」がある。教材の特性を見出し，教材の特性を生かすことができれば，決してはい回ることはない。むしろ，子どもたちは生き生きと学んでくれるはずである。

では，教材の特性を見出す方法である。まず，テキストの基本的な構造を把握する。以下は，説明文，物語文の分析の観点である。

＜説明文＞

- 文章構成
- 問いと答え（まとめ）
- 事例と事例の関係
- メッセージ

＜物語文＞

- 物語の設定
- 中心人物の変容
- 伏線（出来事）とクライマックス
- メッセージ

本書では，分析を通してとらえた基本的な構造を図にまとめている。説明文も物語文も同じ形だが，一点だけ違いがある。説明文は，問いと答え（まとめ）が中心軸。その証拠（具体）として事例がある。さらに，それを通して筆者の感想や意見，判断，主張（すべてを含めて「メッセージ」）が伝えられる。中心軸である問いと答えは，その整合性が問われる。それを双方向の矢印（⇔）で表している。もちろん，問いがなかったり，文章構成によっては，答えと答え，答えのみであったりする。しかし，問いの意識が流れていない文章はない。それに対して，物語文は，中心人物の変容が中心軸である。それがどのような出来事を通し，どこで転換点を迎えたのか。さらに，何を物語ろうとしているのか。あるいは，何が伝わってくるのか。そういうメッセージ性は，なぜ，中心人物は変わったのかという因果関係に込められる。それを一方向の矢印（←）で表している。物語の設定は，そういう物語のステージである。

さて，こうした基本構造の分析に，先に示した着眼点を加えると，より教材の特性が浮かび上がってくる。そして，教材の特性を生かした「問い」を発想する。「生かす」とは，その教材の特性が子どもの側からも求められ，「問い」の追究が思考力・判断力・表現力の育成につながるということである。では，「すがたをかえる大豆」（光村図書３年下）を例に，教材の特性を生かした「問い」について考えてみたい。まず，「すがたをかえる大豆」の構造図は，以下のようになる。

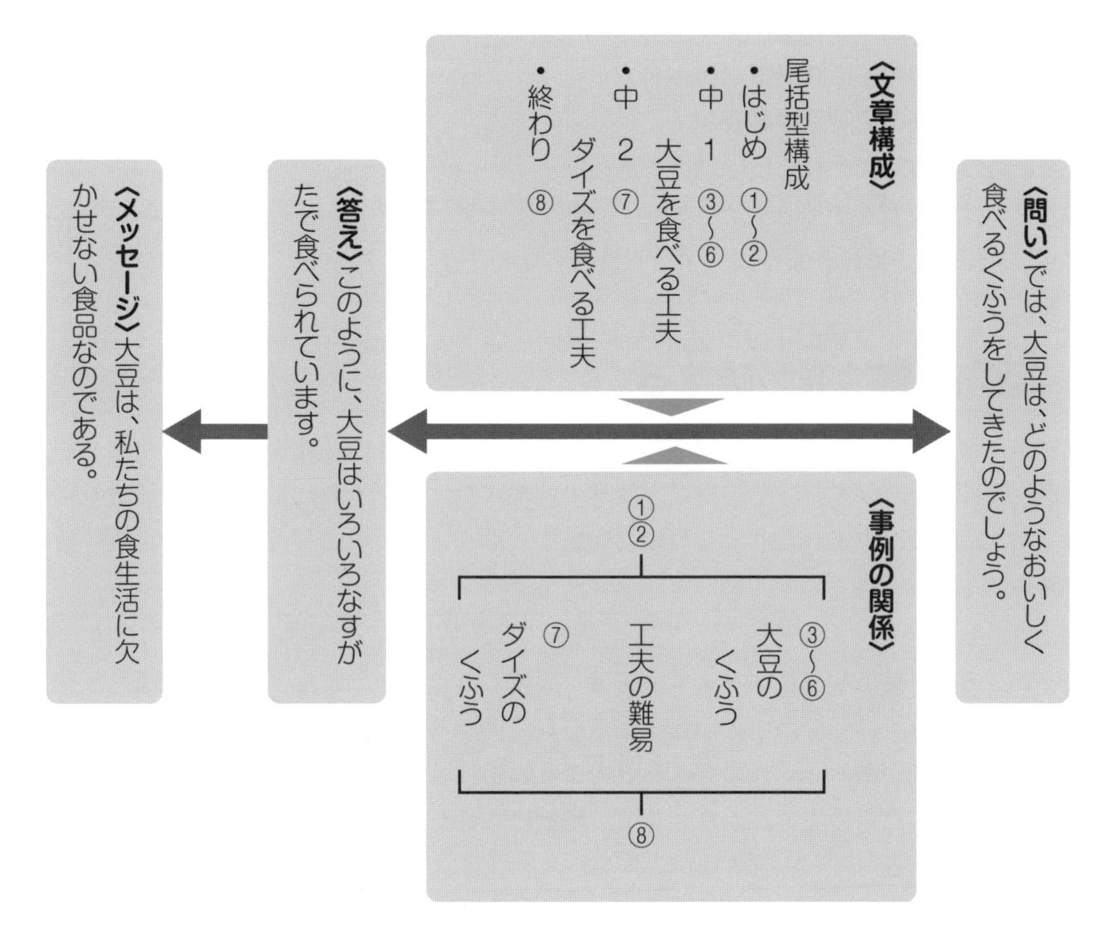

「すがたをかえる大豆」は，大豆がさまざまな工夫で食べられていることを説明した文章である。文章全体を通した問題提示文はないが，はじめ１・２段落，中３～７段落，終わり８段落と分けることができる。尾括型の文章構成である。

教材の特性として挙げられるのは，まず，事例の示し方である。「いちばんわかりやすいのは」「次に」「また」「さらに」という接続語を用いて事例を述べている。この順序は，工夫の難易によるもので，読み手の関心を高めている。事例を分けると，３～６段落と７段落の２つに分かれる。７段落は，３～６段落の工夫と異なり，特徴的な事例となっている。７段落がなくても読めるが，あることで８段落「昔の人々のちえ」が補強される。また，「はじめ」と「終わり」にも教材の特性を見ることができる。「はじめ」は，２段落である。大豆とは何かの説明が３～７段落の事例を分ける手がかりとなる。「終わり」の８段落は，「このように」で事例をまとめているが，なぜ，これほどまでに大豆を工夫して食べるのか，その理由を加えている。大豆が私たちの食生活に欠かせない食品であったことがイメージできる。

これらの教材の特性は，「はじめ－中－終わり」の構成，事例相互の関係，接続語の活用という教科内容を反映している。ここから発想したのが以下の「問い」である。

- 大豆とダイズは同じか？
- ３～６段落の順序には秘密がある？
- ダイズの工夫の７段落は必要か？
- まとめの８段落にどれぐらい納得できるか？

前の２つは，解釈を中心とした「問い」，後の２つは，評価を中心とした「問い」である。「問い」をさまざまに描きながら，子どもたちの学びをイメージする。その修練が授業力を高める源になる。

2 活動の特性を吟味する

教材から直にどんな言語活動ができるかを発想すると，教材の特性を見落としたり，育てたい力が不明になったりする。その逆に，教材の特性にだけ目を奪われると，言語活動の幅が狭くなったり，齟齬（そご）が生まれたりする。教材研究で，もう一つ大切にしたいのが，言語活動の特性である。

例えば，新聞作り一つをとってみても，新聞には，ニュース記事もあれば，コラム，社説，投稿などがある。見出しやリード文で，的確に記事のポイントを読み手に伝え，図や写真で，理解や想像を読み手にうながす。伝える視点やレイアウトにも編集の意図が見えるなど，さまざまな活動の特性がある。それのどこをどのように切り取ることが「ことばの力」の育成に有効なのか。子どもたちの実態とかけ合せて，活動の特性を生かすことも言語活動の充実には欠かせない視点である。

では，「すがたをかえる大豆」で，新聞づくりを構想した場合，ことばの力をどのように盛り込むことができるだろう。事例の並びや力点の置き方を指導事項とすれば，新聞の紙面レイアウトを考える言語活動はベストマッチである。また，要点を取り出して，見出し語として活用することもできる。

他にも，述べ方のよさを転用する学習も構想できる。取り上げたい述べ方は，「さらに」である。「さらに」という接続語を使って事例を取り上げると，説明は一段とグレードアップする。単元名は，「○○の工夫を紹介しよう－『さらに』を使って－」である。題材は身近なもので十分。「ノートの使い方の工夫」「計算を早くする工夫」などである。子どもたちの経験，見聞，調査などを用いながら，「さらに作文」を楽しんでどんどん書くのがいい。それを通して，事例の並べ方が説明文のポイントだということが自覚化されるだろう。

本書では，活動の特性についても吟味し，より教材の特性が生きる学びを考えている。

3 単元化シートの活用
―逆思考で単元をつくる―

1 エンドポイントを明確にする

教材研究は，あくまで仮の構想。ここから単元化に入る。そこでポイントにしたいことは，逆思考の単元づくりである。教材の特性を生かした言語活動の設定から，「そのために」と逆向きに単元プランを考える。では，なぜ，逆思考か。それは，ブレない単元，ブレない授業をつくるためである。順思考では，学習活動の累加や拡散が生まれてはい回る。逆思考は，終着点からのプランづくりだから「問い」が一貫する。

カリキュラムマネジメントで「逆向き設計」論（2012年，G. ウィギンズ／J. マクタイ著・西岡加名恵訳，日本標準）が注目を集めている。もちろん，授業もマネジメント。多くの先輩教員から「授業は中心からつくる」と教わってきたが原理は同じである。そのことを具体に表したのが単元化シート（p 17）である。

エンドポイントとは，単元の終着点。そこでの子どもの姿をいう。単元を通して育てる「ことばの力」（言語表現）をどこまで具体的に描けるか。田川郡小学校国語教育研究会の例会で，まず，問題になったのはここである。そこで，教師自身が終着点としての表現物を作成し，その検討が進められている。

単元化シートでは，エンドポイントを明確にするために，「<表現・交流>の観点」を記述する。単元の評価観点である。しかし，「叙述から想像しているか。」「自分の考えが書けたか。」など，抽象的な文言では意味がない。具体化することが明確化の意味である。「すがたをかえる大豆」で新聞作りなら，次のような評価観点が考えられる。

- 事例相互の関係を紙面レイアウトに表しているか。
- 要点を使って，見出し語を書いているか。
- 「昔の人々のちえ」にかかわって，コメントを述べているか。

これらを総合すれば，「事実と考えの関係を読み解く力」である。育てたいことばの力は何か？　教材の特性にふれているか？　すべては，ここから出発するのである。

2 単元を貫く「問い」と本時の「問い」

言語活動とは何か。表層的には，表現活動である。しかし，その本質は，そのもとで行われる思考・判断にある。それを知的活動性と呼んでいるのだが，単元を通して知的活動性を保障していくためには，単元を一貫した「問い」が必要になる。目的的な言語活動の設定の裏には，単元を貫く「問い」が意識されていなければならない。それによって，本時の「問い」の必要性や連続性がより鮮明になる。「すがたをかえる大豆」の新聞作りなら，「大豆を食べるくふうのすばらしさを伝える新聞を書こう！」の裏には，「大豆を食べる工夫を，新聞にどう表していけばよいか？」である。ただ「書こう！」ではない。「どう表せばよいか？」が意識されてこそ，子どもたちは問い続け，言語活動を充実させることができる。

ただし，「さらに作文」の場合は，注意がいる。新聞づくりは，説明内容からのアプローチ。大豆を食べる工夫に目が向くのは自然な流れである。しかし，「さらに作文」は，述べ方の工夫からのアプローチ。述べ方中心の学びを続けているクラスなら，はじめから「『さらに』を使って，説明文を書きたい！」となるかもしれない。単元を貫く「問い」は，「『さらに』を上手に使うコツは何か？」である。そうでなければ，「述べ方の工夫を使って，説明文を書こう！」を設定する。単元を貫く「問い」は，「どんな述べ方の工夫がある？」「どの述べ方の工夫が決め手？」などである。そして，単元が進むにつれ，「さらに」という事例の取り上げ方のよさを実感していくようにするのが自然であろう。

いずれにしても，単元を通して，子どもたちの思考・判断を高め，意欲や態度を醸成させていくのは「問い」である。「問い」の重要性は，単元でも，本時でも変わらない。

さて，エンドポイントが明確になり，単元を貫く「問い」が見えてきたら，本時の「問い」を配置する。本時の「問い」には，教材研究で発想した「問い」を配置する。しかし，単元を貫く「問い」とのつながり，本時の「問い」同士のつながりを見たとき，変更が生じることもある。「すがたをかえる大豆」の「３～６段落の順序には秘密がある？」は，新聞作りならこのままでもよいが，「さらに作文」なら，「『さらに』の工夫は，すごい工夫？」のほうが有効だろう。単元プランは，さまざまな関係の中で，更新されていくものである。こうして，本時の「問い」を吟味し，学習内容を定位させることが確かな単元設計を現実のものにする。

3 第一次のデザイン

エンドポイントから逆思考で単元づくりを進めてくると，第一次のデザインも見えてくる。エンドポイントに向かう単元を貫く「問い」を考えていくこと自体，第一次を描いていくことである。意欲の喚起と読みの視点を示す。

「すがたをかえる大豆」の新聞作りでは，「はじめ－中－終わり」に分け，大豆を食べる工夫を確かめる。その上で，「大豆を食べる工夫はすばらしい？」と説明内容を評価する。評価によって，「大豆を食べる工夫を伝えたい！」という思いを引き出すことができる。そこで，新聞作りを提案する。さらに作文なら，新聞作りと同様に進め，「大豆を食べる工夫の説明はわかりやすい？」と述べ方を評価する。そうすることで，「述べ方の工夫を使って書こう！」という意識を高めることができる。

いつまでも初発の感想ではない。もっと，意図をもった，単元を見通す切り込みがあってよい。テキスト全体をとらえ，第一次から評価を加える。ここにデザインの鍵がある。

＜単元化シート＞の実物

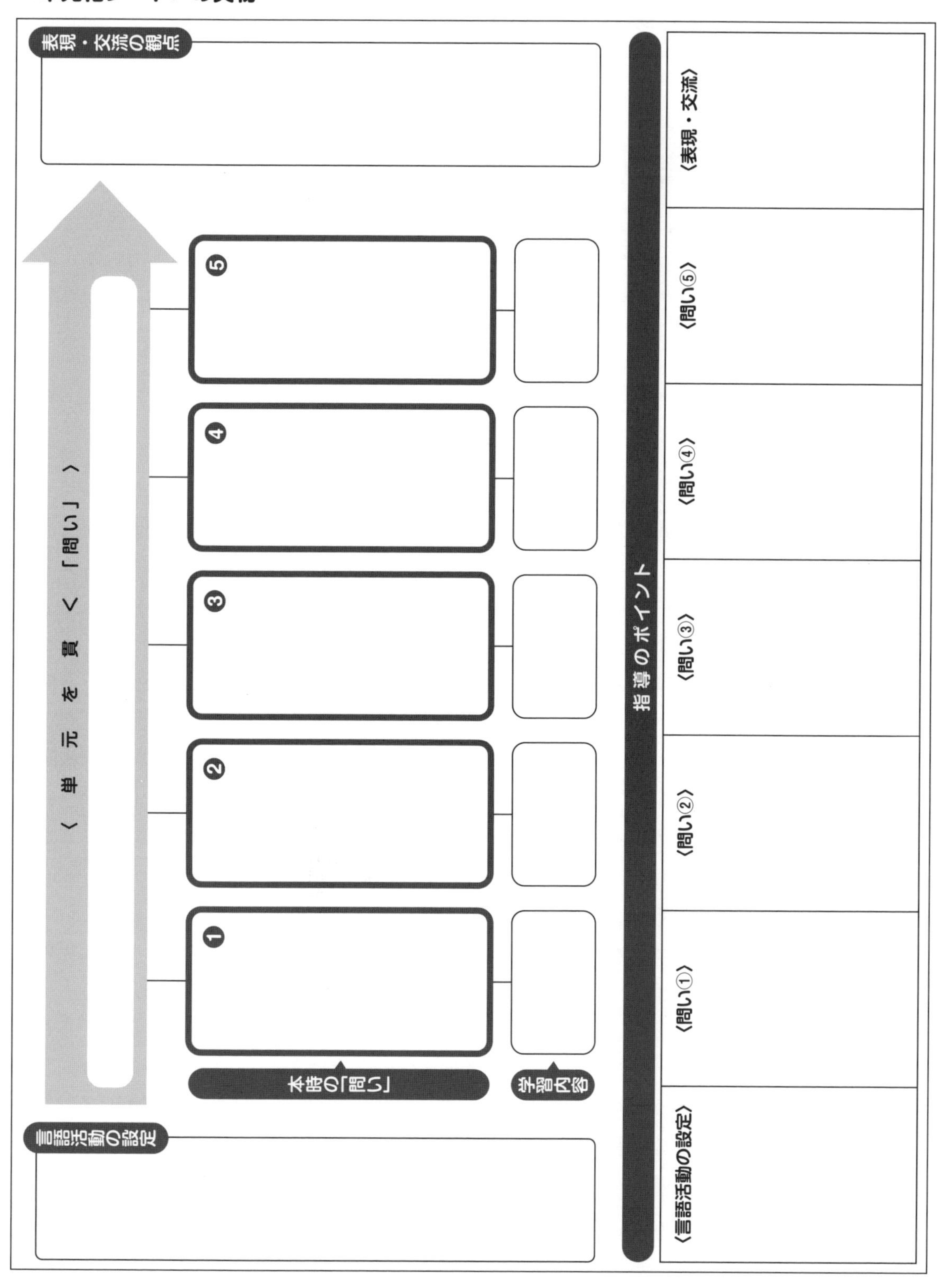
表現・交流の観点
〈単元を貫く「問い」〉
❶
❷
❸
❹
❺
本時の「問い」
学習内容
言語活動の設定
指導のポイント
〈表現・交流〉
〈問い⑤〉
〈問い④〉
〈問い③〉
〈問い②〉
〈問い①〉
〈言語活動の設定〉

4 授業化シートの活用
ー「思考の深化」を核にー

1 決め手は「思考の深化」

授業とは，「今まで見えなかった何かが見えるようになる」ための学習活動を組織したものである。それによって，「自分の考え」は，広がりや深さをもつ。授業化シート（p 20）は，そのプロセスをシンプルに表したものである。次の４つの発問で授業づくりを考える。

- ステージづくりの発問
- 本時の「問い」の発問
- 思考の深化の発問
- まとめ・発展の発問

もちろん，単元導入時で，具体的な「問い」がクラスで共有されていたり，ステージづくりの発問で，本時の「問い」が子どもたちから発せられたりもする。それについて考えを交流していると，論点が形成され，子どもたち自身で「ことばの仕組み」にたどり着くこともある。さらに，「だったら」と，子どもたちが「問い」を発展させていくこともある。むしろ，そうあって欲しいし，そうなるように長期的な視点で学びに向かう力を育てたい。しかし，それも，子どもたち自らがことばに関わる思考プロセスを，私たち自身が描けてのことである。発問は，それを端的に表す。

さて，この４つの発問の中で，もっとも重要なのは，思考の深化の発問である。本時の「問い」について，それぞれが考えを出し合って，「それでは，まとめましょう。」では，いったい何を，何のために学んだのか。ここでこそ，「ことばの仕組み」が具体的に見えてこなければならない。では，「すがたをかえる大豆」の「７段落は必要か？」を例に取ってみる。「７段落は必要か？」と問われれば，必要と答える子がほとんどである。しかし，「どれぐらい必要か？」と踏み込むと，積極的な必要と消極的な必要に分かれる。７段落がなくても大豆の工夫はわかる。８段落の「大豆はいろいろなすがたで食べられています。」とも整合する。一方，７段落のダイズの工夫があると，「工夫のし方が広がるし，大豆の工夫もいろいろ考えられてきたことがよくわかる。」と言う。そこで，思考の深化の発問である。「７段落があると，８段落のここがよくわかるというところはない？」と，８段落との関係づけをうながす。子ども同士の交流の中で，８段落との関係に気づいていたら，７段落の説明を２段落でしておく場合と比べて，何か違いがあるかを問うのもよい。「さらに作文」の視点からは，６段落の工夫と，７段落の工夫を，「どちらの工夫がすごいか？」で比べることも思考の深化をもたらす。

思考の深化のためには，「ことばの仕組み」に焦点化することである。それがもっとも象徴的に現れる部分を特定したり，視点を変えて切り込んだりすることが具体的な方法となる。本時の「問い」を入口とするなら，思考の深化は，出口である。出口によって，知的活動性は保障されるのである。

2 ステージづくりとまとめ・発展

本時の「問い」と思考の深化。この関係がしっかりしていれば，授業のねらいはほぼ達成となるのかもしれない。しかし，その両脇を固めるステージづくりとまとめ・発展は，子どもたちに学びの自覚化をうながす。

ステージづくりのポイントは，まず，基本的には，本時の「問い」に必要な情報を取り出しておくことである。「７段落は必要か？」を問う前に，はじめと終わりの整合性，中１，中２の確認をする。さらに一歩進めば，布石を打つ。中１，中２の文章量の違いを文の数で示す。そして，「バランスが悪い？」と発問する。それに賛同する子が出てきて，子どもたちの意識が７段落の必要性に向かってくる。

まとめ・発展のシンプルな形は，「問い」に対する「答え」をまとめることである。「７段落は必要である。」の根拠に，７段落があることで見方が変わることや，８段落との関係が記述されていれば学びは成立である。逆に，「必要ない。」の根拠に，大豆の工夫の一貫性や，その中での８段落との関係性や改善案が示してあれば十分である。しかし，より言語活動とのかかわりをもたせたい場合は，新聞のレイアウト案を考えさせたり，述べ方の工夫についての感想をまとめたりすることも考えられる。

ステージづくりとまとめ・発展は，学びへの意欲と学んだことへの実感をつくる。本時の「問い」と思考の深化がそれと連動したとき，学びの連続性はより担保される。

3 立体的な授業イメージ

授業には大きく分けて２つある。一つ一つ確かな押さえで知識や技能を伸ばすステップアップ型の授業と，子どもたちがさまざまな観点から自分の考えを出し合い，高め合う練り上げ型の授業である。どちらも大事な授業スタイルだが，本書の中心は後者である。

「問い」に対するそれぞれの見方・考え方を交流する場面では，押さえを確かにすることよりも子ども同士の考えをいかにつなぐかである。そこで生じるさまざまなズレを後の展開でどう生かすか，あるいは，足りない見方・考え方は何かを考えながらコーディネートに徹する。余計な介入で子どもたちの学びを壊さないようにし，そして，子どもたちがもっとも必要とするタイミングで思考の深化の発問をする。ここで，「ことばの仕組み」をしっかり押さえたい。それが子どもたちを一段高いステージに上げることになる。

こうした授業を展開していくためには，授業を立体的にイメージしておく必要がある。さまざまな見方・考えを「ことばの仕組み」につなげていく作業である。

<授業化シート>の実物

全体をとらえる

◉ステージづくり

ズレ・立ち止まりをつくる

◉本時の「問い」

「ことばの仕組み」を見せる

◉思考の深化

思考をふり返る

◉まとめ・発展

指導のポイント

物語文

「問い」のある言語活動の展開プラン

第1学年 “くりかえしものがたり”ブックトークをしよう

教材名 「サラダでげんき」(東京書籍１年下)

1 教材特性

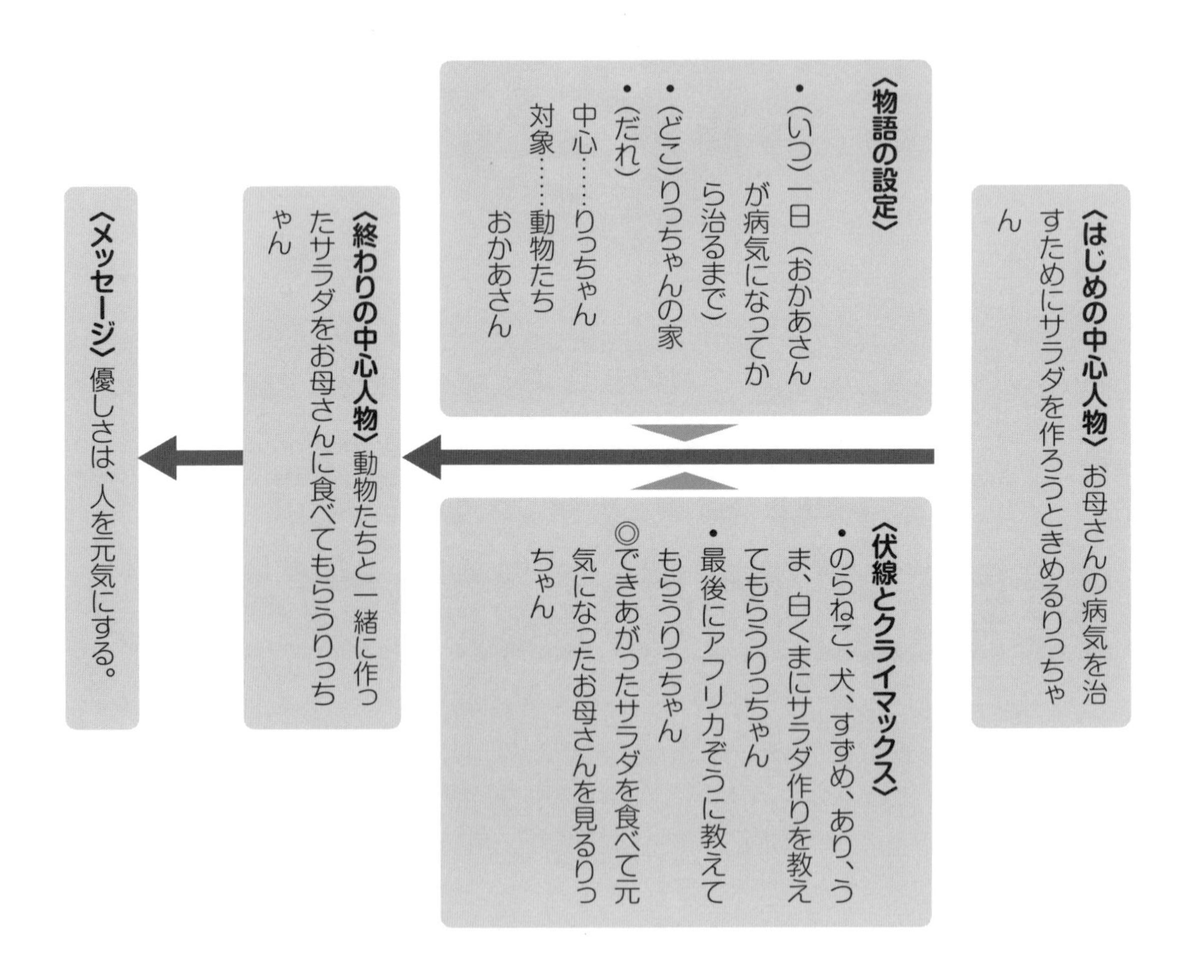

〈はじめの中心人物〉お母さんの病気を治すためにサラダを作ろうときめるりっちゃん
〈物語の設定〉
・(いつ)一日(おかあさんが病気になってから治るまで)
・(どこ)りっちゃんの家
・(だれ)
中心……りっちゃん
対象……動物たち
おかあさん
〈伏線とクライマックス〉
・のらねこ、犬、すずめ、あり、うま、白くまにサラダ作りを教えてもらうりっちゃん
・最後にアフリカぞうに教えてもらうりっちゃん
◎できあがったサラダを食べて元気になったお母さんを見るりっちゃん
〈終わりの中心人物〉動物たちと一緒に作ったサラダをお母さんに食べてもらうりっちゃん
〈メッセージ〉優しさは、人を元気にする。

「サラダでげんき」では，主人公であるりっちゃんが，病気のお母さんを元気にするためにサラダを作ろうと考える。そのときに，「のらねこ」「となりの犬」「すずめ」「あり」「うま」「白くま」「アフリカぞう」たちが次々にやってきて，りっちゃんのサラダ作りに協力する。最後は，みんなで作りあげたサラダを食べたお母さんが元気になるというお話である。

りっちゃんと動物たちのやり取りがテンポよく，繰り返しのおもしろさによって描かれている。登場する動物たちは，どの動物も身近で１年生の子どもたちにはよく知られた動物たちである。動物たちが「こんなものをサラダに入れたらいいよ。」と提案する材料や「こんなふうに元気になるよ。」とアドバイスする内容にも動物たちの特徴がよく表れている。

唯一アフリカぞうが登場する場面だけが繰り返しによって書かれていない。具体的に言えば，りっちゃんはアフリカぞう以外の動物から教えてもらったことは素直に受け入れているが，アフリカぞうに対してだけは「ありがとう。でも，もうできあがったの。」とアフリカぞうの申し入れを断っている。また，アフリカぞう以外の動物から教えてもらった後には「ありがとう」と言っているが，アフリカぞうに対してだけはお礼の言葉は何も言わずに「おかあさん，さあ，いっしょにサラダをいただきましょ。」と言い，お母さんにサラダを食べさせている。とすれば，こうした教材文の特性を生かし，「アフリカぞうはサラダ作りに必要だったのだろうか？」という読みの展開が可能になるだろう。りっちゃんの「ありがとう。でも，もうできあがったの。」という言葉を手掛かりにすれば，りっちゃんはアフリカぞうが登場してきた時点では，アフリカぞうの必要性を感じていないことがわかる。しかし，「サラダにあぶらとしおとすをかけると，」「スプーンをはなでにぎって，力づよくくりんくりんとまぜました。」の文章に，サラダ作りの最後の仕上げとアフリカぞうの力強さが表れており，お母さんを元気にさせた力を読み取ることができる。

アフリカぞうの登場する場面がこのお話の山場であり，アフリカぞうの登場によって，一人ひとりの動物たちの優しさのこもった栄養たっぷりでおいしいサラダ作りが完結するのである。

2　活動特性

ブックトークとは，テーマに沿ったいくつかの本を，つながりを考えながら紹介することである。自分の好きな本を相手に紹介したり，読んでもらいたい本を相手に勧めたりすることも含まれる。本単元では，自分が読んだ繰り返しのある物語の「題名」「どんな繰り返しがあるのか」「一番おもしろかったところはどこか」を学級の友だちにお話をする。ブックトークを通して，本の魅力や楽しさを相手に伝えるという目的を達成できる。

こうして見ると，ブックトークは，低学年の文学指導の重点である「登場人物の行動の変容を読む力」「大事な言葉や文をとらえる力」「想像を広げながら読む力」を育てることに適した言語活動である。以下，ブックトークをする際の要件である。

- あらすじを話すこと
- 登場人物や作者（筆者や画家）を紹介すること
- 物語の中の文章を紹介すること
- その本が持っている魅力を話すこと

3 「問い」のある単元づくり

言語活動の設定

大まかなあらすじをとらえ、感想を交流し、繰り返しのあるお話を読みブックトークをする言語活動を設定する。

〈単元を

繰り返しのあるお話にはどん

本時の「問い」

❶ りっちゃんが、サラダを作ることを選んだわけは何か？【解釈】

❷ 動物たちはどんな順番で登場しているか？【解釈】

学習内容

物語の設定

人物の設定

指導の

〈言語活動の設定〉	〈問い①〉	〈問い②〉
・それぞれの場面の出来事を「りっちゃんと○○」とまとめる。読後感をもとに，人物のおもしろさ，山場のおもしろさなどを意識づけ，繰り返しに着目して読むことをおさえる。	・肩を叩いてあげたとき，なぞなぞごっこをしたとき，くすぐって笑わせたとき，それぞれのよさを比較させる。その上で，りっちゃんがサラダを選んだ目的は何かを話し合わせる。	・登場した人物を順番に並べ，どんな動物が登場し，どんなことを言っているかを確かめる。動物と登場する順番の特徴を見つけ，人物設定のおもしろさをとらえさせる。

貫く「問い」〉

なおもしろさがあるのだろうか?

❸ アフリカぞうはサラダ作りに必要だろうか?

【解釈】

作品の山場

❹ あなたなら、どんな動物にどんなものを入れさせるか?

【評価】

作品のおもしろさ

表現・交流の観点

- 繰り返しのある作品のおもしろさを見つけることができたか。
- どんな繰り返しがあるのかを見つけることができたか。
- どのお話を読んでみたくなったのかを話すことができたか。

ポイント

〈問い③〉	〈問い④〉	〈表現・交流〉
・アフリカぞうが登場する場面では，繰り返しによって書かれていないことから，アフリカぞうの行動を解釈し，書かれていないアフリカぞうの言葉やりっちゃんのアフリカぞうに対する思いを考えさせる。	・「元気にする」「おいしくする」を観点に「あなたならどんな動物にどんなものを入れさせるか?」を書くようにする。その後，実際にその動物がどのような会話をするのかを考えさせる。	・ブックトークを行い，自分が読んだ本にはどんな繰り返しがあったのか，どんなおもしろさがあったのかを伝える。友だちの話を聞き，どの本が読んでみたくなったのかを交流させる。

4 解釈の「問い」の授業

▶授業のねらい◀

「アフリカぞうは，サラダ作りに必要だろうか？」を話し合うことを通して，アフリカぞうの言動の違いに気づき，アフリカぞうの役割をノートにまとめることができる。

全体をとらえる

◉ステージづくり

登場人物に一人だけ違う人がいるけど誰かな？

- アフリカぞうの場面の書き方が何か違うよ。
- たしかに，アフリカぞうのところだけりっちゃんは断っているよね。
- アフリカぞうは，サラダ作りにいらないってことかな。

ズレ・立ち止まりをつくる

◉本時の「問い」

アフリカぞうは，サラダ作りに必要だろうか？

- サラダ作りに必要ないと思う。だって，「ほかの動物たちにはすべて『ありがとう』と言っているけど，アフリカぞうにだけ言ってない。だからアフリカぞうは役に立っていないと思っていると思う。
- それに，アフリカぞうが手伝おうとしたら，「もうできあがったの」と言っている。
- ほかの動物は，サラダを作った後に，「おかげで○○だ」と言っているけどアフリカぞうは言ってない。
- でも，「これからがぼくのしごと」と言っているよ。だから必要なんだよ。
- アフリカぞうは，「力づよくくりんくりんと」混ぜてくれたよ。アフリカぞうがいなかったらたちまち元気になるサラダはできてないかもしれないよ。
- りっちゃんは，「ありがとう」と言っていないだけだ。アフリカぞうも説明していないだけだと思う。

指導のポイント

- 「動物とりっちゃんの会話が繰り返されてお話が書かれているけど，一人だけ違う書き方がされている動物がいる。」ということを投げかけ，アフリカぞうのサラダ作りへの必要性を問う。
- 「ほかの動物にはお礼を言っているけど，アフリカぞうには言っていない。」「アフリカぞうが手伝おうとしたら，『もうできあがった』と断っている。」「アフリカぞうも，どんなサラダかを説明していない。」「言っていないだけで心では思っている。」等のさまざまな解釈を引き出し，論点を形成する。

「ことばの仕組み」を見せる

◉思考の深化

> もし，アフリカぞうがサラダを作った後に言葉を言うとしたら，どんなことを言うだろうか？

- すぐに元気になりますよ。
- これで味がもっとおいしくなりましたよ。
- すごく力持ちになりますよ。
- 言っていないだけで，アフリカぞうはサラダ作りに必要なのかもしれないな。

・「アフリカぞうがもし言葉を言うとしたら」が論点になってきたところで，「もしアフリカぞうがサラダを作った後に言葉を言ったとしたら？」と投げかけ，全員にアフリカぞうのサラダ作りの意図を考えさせる。

思考をふり返る

◉まとめ・発展

> りっちゃんはアフリカぞうにどんなことを言ったのかな？

- アフリカぞうさん，最後の仕事をしてくれてありがとう。
- まあ，ありがとう。これでお母さんが元気になると思います。

・アフリカぞうの言葉をノートに書かせる際には，今までの動物はどんな言い方で，どんなことを言っているのかを参考にさせる。

▶本時の板書◀

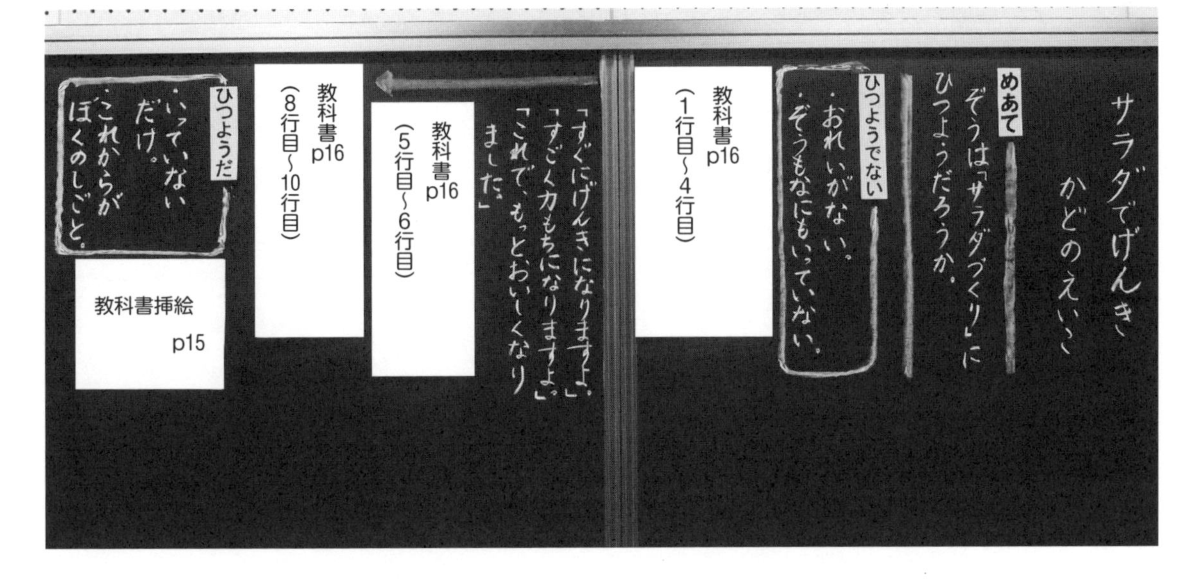

5 評価の「問い」の授業

▶授業のねらい◀

「これ以上おいしく，もっと元気になるようなサラダ作りはできないか？」を話し合うことを通して，登場人物のおもしろさを読み，自分が考えた動物がどんな話をするのかを表すことができる。

全体をとらえる

◉ステージづくり

これ以上おいしく，もっと元気になるようなサラダはできないかな？

- もっとおいしくできそうな気がする。
- もっと元気になるサラダは何を入れたらいいのかな。

ズレ・立ち止まりをつくる

◉本時の「問い」

これ以上おいしく，もっと元気になるために，
あなたはどんな動物にどんなものを入れさせるか？

- ぼくは，うさぎにはレタスを入れさせるといいと思う。レタスは栄養があるし，うさぎはぴょんぴょんとはねて元気がよさそうだから。
- わたしは，猿にりんごを入れさせる。りんごはおいしく栄養もある。それに，猿は頭がいいし，道具を使うのも上手だと思うから。
- わたしは，ハムスターにひまわりの種を入れさせたいな。種には栄養があるし，ハムスターはやさしいから。
- ぼくは，うさぎを考えたけど，○○さんが考えたハムスターもいいかもしれないな。
- いろんな動物が出てきて楽しいね。たちまち元気になるサラダっていろいろ作れるんだね。

指導のポイント

・「サラダにさとうをいれるのはおいしくない」という読みを紹介し，「あなたならどんな動物にどんなものを入れさせるか」という問いをもたせるようにする。

・「うさぎにレタスを入れさせたい。レタスは栄養があるし，うさぎはぴょんぴょんとはねて元気がいいから。」「猿にりんごを入れさせたい。猿は頭もいいし，道具を使うのも上手だから。」など，動物と食べ物や行動との関連を考えさせながら，お話の中の動物と重ならないように様々な動物を登場させるようにする。

「ことばの仕組み」を見せる

◉思考の深化

○○君が考えた動物はどの動物の間に入るだろうか？

- うさぎは，ねこの前だと思う。ねこよりうさぎの方が小さいし，かつおぶしの前に野菜が入った方がいいと思うから。
- 猿は，犬の後に入れたらいいと思う。犬の後，小さい動物になっていっているから。

・いろいろな動物と食べ物，動物の行動を出し合ったところで，登場した順に動物と食べ物を提示し，「友だちが考えた動物はどの動物の間に入るのか」を食べ物のバランスや動物の大きさなどを根拠に考えさせる。

思考をふり返る

◉まとめ・発展

あなたが考えた動物が実際に話をするとしたら
どんなことを言うだろうか？

- 「キーキー。やっぱりくだものを入れなきゃね。りんごが一番合うよ。頭もよくなりますよ。キーキー。」
- 考えた動物とぴったりの話ができると，すごく元気になりそう。

・実際に会話をしたとしたらどんなことをしゃべるのかを物語に登場した動物たちの会話を参考にして書かせる。

▶本時の板書◀

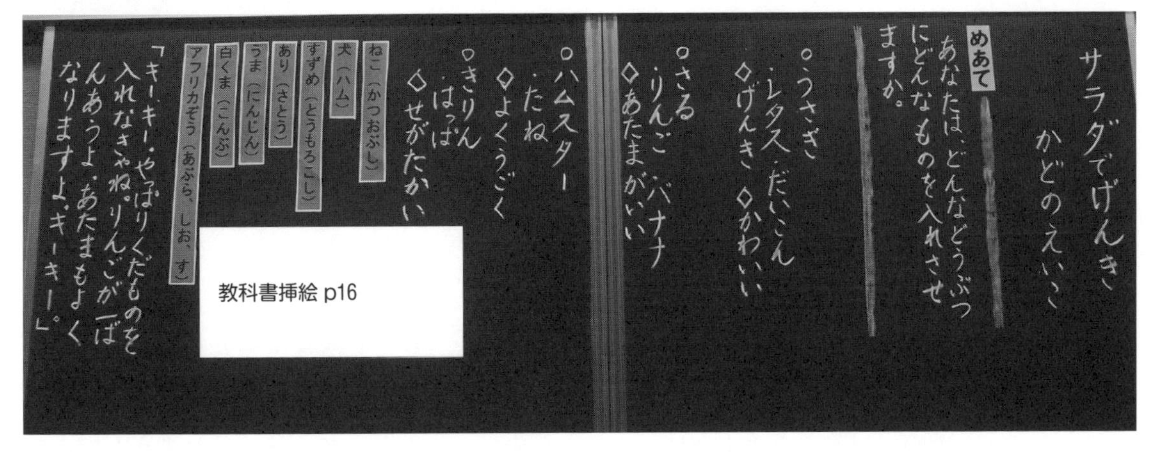

第2学年 本の帯を作ろう

教材名 「スーホの白い馬」(光村図書２年下)

1 教材特性

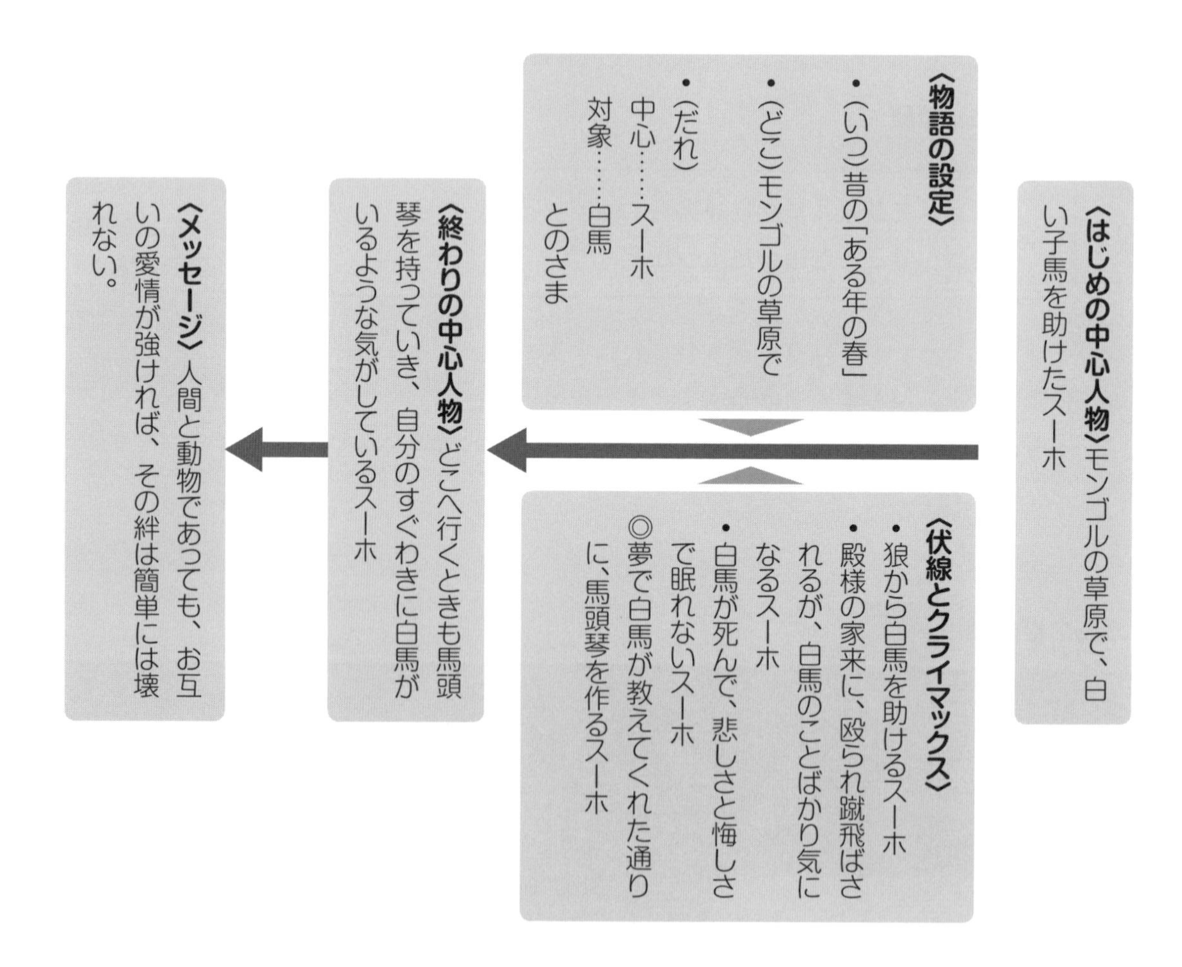

〈はじめの中心人物〉モンゴルの草原で、白い子馬を助けたスーホ
〈物語の設定〉
・(いつ)昔の「ある年の春」
・(どこ)モンゴルの草原で
・(だれ)
中心……スーホ
対象……白馬
とのさま
〈伏線とクライマックス〉
・狼から白馬を助けるスーホ
・殿様の家来に、殴られ蹴飛ばされるが、白馬のことばかり気になるスーホ
・白馬が死んで、悲しさと悔しさで眠れないスーホ
◎夢で白馬が教えてくれた通りに、馬頭琴を作るスーホ
〈終わりの中心人物〉どこへ行くときも馬頭琴を持っていき、自分のすぐわきに白馬がいるような気がしているスーホ
〈メッセージ〉人間と動物であっても、お互いの愛情が強ければ、その絆は簡単には壊れない。

「スーホの白い馬」は，人間と動物の強く豊かな絆を描いた，友情物語である。スーホと白馬との絆は，様々な場面で描かれている。まずは，スーホが狼を追い払って，白馬を助ける場面である。スーホが，兄弟に言うように「これから先，どんなときでもぼくはおまえといっしょだよ。」と白馬に言った所から，人間と動物という枠を超えた絆の深さが読み取れる。次に，競馬に出たスーホが，一等になったにもかかわらず約束を破られて，殿様の家来たちから殴られ蹴飛ばされた場面である。スーホは，自分の体が傷やあざだらけであったにも関わらず，「白馬はどうしているだろう。」と，白馬のことばかりを考えていた。自分のことはどうなってもいいから，それよりも白馬のことが気になっている。このことから，スーホと白馬の絆は，さらに強くなってきていることがわかる。そして，白馬が殿様の所から逃げ出して，殺されてしまう場面である。白馬は，家来が射た矢を何本も受けながらも，必死にスーホの所へ帰って来た。その結果，次の日に白馬は死んでしまった。命がけで愛するスーホの所へ帰って来た白馬とスーホの絆には，計り知れないものがある。最後に，死後の場面である。スーホと白馬は別々になってしまうのかと思ったが，ある時，白馬が夢に出てきて，楽器を作ってほしいと伝える。そして，馬頭琴という楽器になってスーホと白馬はずっとそばにいられることになる。まさに，「これから先，どんなときでもぼくはおまえといっしょだよ。」という言葉通り，死んでもスーホと白馬の絆が壊れることはなかった。また，殿様という人物の必要性にも注目したい。殿様は，競馬の大会で，一等になったものには娘と結婚させると約束していたにも関わらず，スーホが貧しいと知ると，すぐに約束を破った。それどころか，言い返してきたスーホを，家来に殴る蹴るをさせ，挙げ句の果てには，殿様の所から逃げ出した白馬を「弓でいころしてしまえ。」と言った。スーホとは対照的で極悪非道な人物である。この殿様とスーホの白馬への気持ちを対比することにより，スーホの白馬への愛情の深さを読み取ることができるだろう。

本教材の語り手は，視点人物が一人に定まっていない。スーホや白馬，殿様へと語り手の視点が移っていくので，中心人物であるスーホ以外の登場人物の心情にも寄り添うことができ，気持ちを考えやすい。スーホ以外の登場人物の気持ちを考えることにより，読みを深めることができる教材である。

また，本教材は比較的長い文章であり，多くの出来事で展開されている。読み手がどんな視点で読むかによって，多様な読み方ができる教材である。

2　活動特性

帯作りとは，作品の良さや面白さを短く端的に伝える表現活動である。短く端的に伝えるという点から，帯を一目見ただけで，その作品の良さや面白さが，瞬間的に伝わってくるというよさがある。「スーホの白い馬」の作品を特徴づけるものは，「友情」や「悲しみ」である。それらについて解釈や評価したことを，短く端的に伝えることができる。また，低学年の物語指導の重点，「想像を広げながら読む力」を育てるためにも，ふさわしい言語活動である。以下，本の帯作りの要件である。

- 作品を表した一言を，大きい文字で書くこと
- 学習したことの中から一番心に残ったことを，一文で書くこと
- スーホと白馬の絵を描くこと

【出典】『スーホの白い馬』大塚勇三再話，福音館書店

3 「問い」のある単元づくり

言語活動の設定

初読の感想を交流後、作品の一番心に残った所を紹介するために、本の帯作りの言語活動を設定する。

〈単元を

一番心に残った所を紹介するために,

本時の「問い」

❶ どこが一番悲しいか?【解釈】

❷ 白馬は、スーホのことをどれくらい好きだったのか?【解釈】

【解釈】

学習内容

物語の展開

登場人物の関係

登場人物

指導の

〈言語活動の設定〉	〈問い①〉	〈問い②〉	〈問い
• 初読の感想を交流した後, 実際に, 教師作成の完成した本の帯を見せることにより, 帯を作ってみたいという意欲と, どういう帯を作るのかという見通しをもたせる。	• 初読の感想から, 悲しい物語だったという意見を取り上げ, 本時の「問い」につなげる。叙述を根拠に, 一番悲しいと思う理由を多面的に交流しながら, 読みを深めさせる。	• 白馬のスーホに対する気持ちを解釈する。その際, 叙述を根拠に述べるようにする。その後,「なぜ, そこまでスーホのことが好きなのか。」の理由を考え, 解釈を深めさせる。	• スーホとを比べ, 同「愛情」の「見せびらけの好きがあるこる。また, スの人物像

貫く「問い」

本の帯にどのようにまとめればよいか?

❸ スーホと殿様は、どちらの方が白馬を好きだったか?

の関係

❹ なぜ、白馬は夢の中に出てきたのか?

【解釈】

中心人物の変容

❺ 「スーホの白い馬」は、悲しい話か、悲しくない話か?

【評価】

作品のメッセージ

表現・交流の観点

・一番心に残ったところを選んで紹介することができたか。
・あらすじや作品の題名を手がかりにして、本の帯に短くまとめることができたか。

ポイント

③〉	〈問い④〉	〈問い⑤〉	〈表現・交流〉
殿様の言動じ好きでもある好きとかしたい」だという違いとをとらえーホと殿様もおさえる。	• 白馬は，スーホが悲しんでいるのを心配して，夢に出てきたということをおさえる。その後，白馬が夢に出てきた前後では，スーホに変容があったかどうかを考えさせる。	•「スーホの白い馬」の結末を評価する。最初は，悲しい，悲しくないで意見が分かれるが，題名の意図を考えることにより，スーホと白馬が一つになれたということに気づかせる。	•「スーホの白い馬」のよさを本の帯にして紹介させる。紹介する内容は，これまで読んできたことの中から，一番心に残った所を選択させる。本の帯を交流し合い，読みをさらに広げる。

4 解釈の「問い」の授業

▶授業のねらい◀

「白馬はスーホのことをどれくらい好きだったか」を話し合うことを通して，白馬のスーホへの愛情の強さを読み，二人のつながりをまとめることができる。

全体をとらえる

◉ステージづくり

スーホと白馬は，仲よしだったのか？

- うん。兄弟のようにいつも一緒にいたから仲よしだったよ。
- 好き同士だったから，とても仲よしだったよ。

ズレ・立ち止まりをつくる

◉本時の「問い」

白馬は，スーホのことをどれくらい好きだったのか？

- 命をかけられるくらい好き。だって，スーホが大切にしている羊を，命がけで狼から守ったから。
- 「白馬のせには，つぎつぎに，矢がささりました。それでも，白馬は走りつづけました。」という文から，けがしても会いたいくらい好きだった。
- 「白馬は，ひどいきずをうけながら，走って，走って，走りつづけて，大すきなスーホのところへ帰ってきたのです。」というところから，死にかけても会いたいほど大好きなのが分かる。
- スーホとずっと一緒にいたいほど好き。馬頭琴にして欲しいと頼んだから。
- 白馬は，スーホのことが大好きで，殿様のところに連れていかれてもスーホのことばかり考えていたと思う。死んでしまったけど馬頭琴にしてもらってうれしかったと思うよ。

指導のポイント

- 前時のふり返りをしながら，白馬がスーホをどれくらい好きか，スーホと白馬の友情関係について話し合うことができるように，まずは「スーホと白馬は，仲よしだったの。」と問う。

- スーホと白馬が，仲よしで，好き同士であったことを確認し，白馬がスーホを思う気持ちの大きさに気づかせる。「白馬は，スーホのことをどれくらい好きだった。」と問い，叙述を根拠に理由づけをしながら，意見を交流させる。

「ことばの仕組み」を見せる

◉思考の深化

なぜ，白馬は，そこまでスーホのことが好きになったのか？

- 子馬の頃から，心を込めて育ててくれたから。
- 狼に襲われた時，狼を追い払ってくれたから。
- 兄弟のように，いつも一緒に過ごしてきたから。

・白馬のスーホへの気持ちに対する解釈を深めることができるように，なぜ白馬がスーホのことを好きなのか，理由を考えるようにする。その際，スーホの白馬に対する思いも取り上げる。

思考をふり返る

◉まとめ・発展

「いのち」という言葉を使ってまとめるとどうなるか？

- 白馬が，命がけでも会いたいくらいスーホのことが大好きなのは，スーホが兄弟のように大切に育ててきたから。
- スーホと白馬は「いのち」がつながっていて，ずっと一緒に暮らしていける。

・本時の学習をふり返り，学習したことを再確認する。

▶本時の板書◀

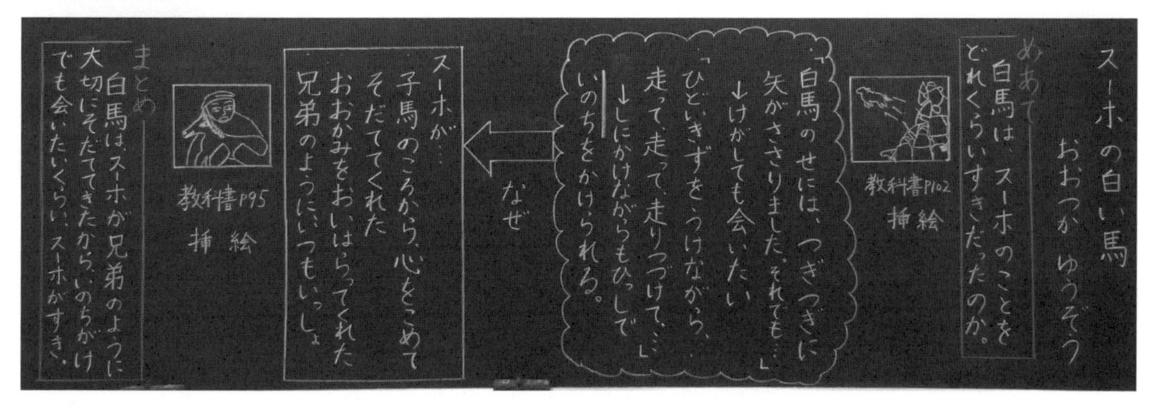

5 評価の「問い」の授業

▶授業のねらい◀

「スーホの白い馬は，悲しい話か，悲しくない話か？」を話し合うことを通して，題名の意味に気づき，物語の結末を評価することができる。

全体をとらえる

◉ステージづくり

夢の前と後で，スーホの気持ちは変わったか？

- 夢の前は，悲しさと悔しさで幾晩も眠れなかったスーホが，夢から覚めるとすぐに，夢中で楽器を作っているから，悲しさを忘れていると思う。
- 夢を見た後は，気持ちが前向きになった。

ズレ・立ち止まりをつくる

◉本時の「問い」

スーホの白い馬は，悲しい話か，悲しくない話か？

- 悲しい物語だと思う。なぜなら，大好きな白馬が死んでしまったから。
- 悲しい物語だと思う。なぜかというと「馬頭琴をひくたびに，白馬をころされたくやしさや…」とあって，まだ悔しく思っているから。
- 悲しい物語ではない。そのわけは，「スーホは，自分のすぐわきに白馬がいるような気がしました。」という所から，スーホは，白馬とずっと一緒にいられるようになったから。
- 悲しい物語ではないと思う。理由は，馬頭琴になって，ずっと一緒にいられるから。
- 大好きな白馬が死んでしまうのは悲しいけど，スーホと白馬はずっと一緒にいられるのはうれしいと思う。悲しいけど，悲しくない物語です。

指導のポイント

・前時のふり返りをするとともに，本時の評価の問いに向かうために，「夢の前と後で，スーホの気持ちは変わったか」を問う。

・気持ちが前向きに変わったことを確認して，「スーホの白い馬は，悲しいか，悲しくないか？」と問い，作品の結末を評価させる。叙述をもとにしながら，様々な意見を出させる。悲しい，悲しくないどちらの意見も認めながら，白馬とスーホのつながりをクローズアップする。

「ことばの仕組み」を見せる

◉思考の深化

> なぜ，題名は「スーホと白い馬」ではなく，
> 「スーホの白い馬」なのか？

- 「スーホと白い馬」だったら，スーホと白い馬は別々になってしまうけど，「スーホの白い馬」だったら一つだから。
- 白馬は馬頭琴になって，ずっと一緒にいられるようになったから。

・白馬が死んだことは悲しいが，馬頭琴になり，ずっと一緒にいられるという前向きな結末をとらえることができるように，「なぜ，スーホと白い馬ではなく，スーホの白い馬なのか。」を問う。

思考をふり返る

◉まとめ・発展

> 「一緒」という言葉を使ってまとめるとどうなるか？

- スーホの白い馬は，悲しい話とは言えない。なぜなら，スーホと白い馬は，馬頭琴として，ずっと一緒にいられるから。
- 「スーホの白い馬」は，スーホのものじゃなくて，スーホと一緒の白い馬だと思う。

・本時の学習をふり返り，スーホの白い馬は，悲しい話ではないということに気づかせる。

▶本時の板書◀

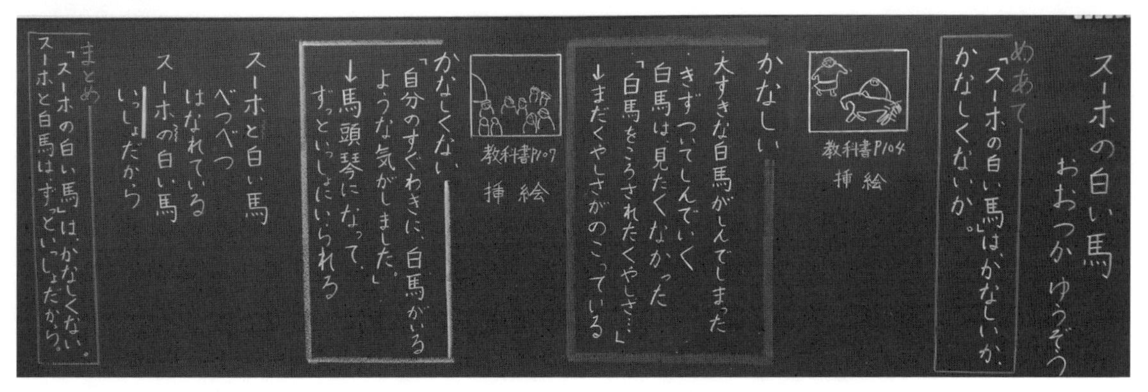

第3学年

私が審査員！オススメ表彰台を作ろう

教材名「モチモチの木」（光村図書３年下）

1 教材特性

〈はじめの中心人物〉夜中のモチモチの木が怖くて，じさまについていってもらわないと，一人でせっちんにもいけないほど臆病な豆太

〈物語の設定〉
・（いつ）冬
・（どこ）とうげのりょうし小屋
・（だれ）
中心……豆太
対象……じさま
周辺……医者様

〈伏線とクライマックス〉
・夜中に一人でせっちんにも行けないほど臆病な豆太
・夜になるとモチモチの木が怖くてしかたがない豆太
・山の神様のお祭りの話を聞いて，昼間だったら見てみたいと思う豆太
・じさまを助けようと無我夢中で峠を下る豆太
◎モチモチの木に灯がともる山の神様のお祭りを見ることができた豆太

〈終わりの中心人物〉夜一人でお医者様を呼びに行けたが，じさまが元気になると，また一人でせっちんにいけない豆太

〈メッセージ〉自分で自分の限界の壁を決めるのではなく，人を思う優しささえあれば，どんな壁も乗り越えることができる。

「モチモチの木」は，一人でせっちんにも行けない豆太がじさまを助けるために勇気を出して真夜中に医者様を呼びに行くお話である。豆太の心の成長が豆太の行動・会話・じさまとのつながりを関係づけることによって読みとることができ，豆太の頑張りは子どもたちを勇気づけるであろう。

本教材の特性は，次の３点である。

1つ目は，行動を表す文や会話文，語り手の評価から豆太やじさまの人柄を読みとることができるという点である。まず，豆太であるが，夜は，語り手の評価「全く豆太ほどおくびょうなやつはない」や「一人じゃしょうべんもできないのだ」などから臆病であると分かる。しかし，昼間は，会話文「モチモチの木ぃ，実ぃ落とせぇ」や行動を表す文「かた足で足ぶみしてさいそくしたりする」などからいばっていることが分かる。このように，豆太の人柄は，夜と昼で対比的に描かれている。また，じさまや豆太のおとうは勇敢であることが叙述から読み取れる。二人と豆太が対比的に描かれることによって，豆太の臆病さが際立っている。

2つ目は，豆太とじさまがとった行動からお互いを大事に思っている人物相互の関係を読みとることができるという点である。じさまは，夜中にどんなに小さな声でも豆太のために起きてくれるところなどから，豆太を大事にしていることがわかる。一方，豆太は，クライマックスでじさまのために真夜中，半道もあるふもとの村まで医者様を呼びにいくところからじさまに対する思いを読みとることができる。

3つ目は，今まで学習してきた物語とは違う終わり方であるという点である。今まで子どもたちが学習してきた「スイミー」「三年とうげ」などは，はじめと終わりで中心人物の変容を行動の叙述から読みとることができる。一方，「モチモチの木」では，はじめと同様終わりも「『じさまぁ。』と，しょんべんにじさまを起こしたとさ。」となっており，豆太の変容は行動の叙述から読みとることはできない。しかし，今までの登場人物の行動や設定，二人のつながりと関係づけることにより，豆太のじさまに対する思いの大きさや，豆太が臆病ながらもじさまのために出した勇気が引き立つ終わり方となっている。

2　活動特性

オススメ表彰台とは，紹介媒体の一つである。自分が作品の中で魅力的だと思うところを自分が審査員となって順位をつける。作品で魅力的であると思うところは人それぞれ違う。登場人物の人柄であったり言葉であったり，話の展開や周りの様子を伝えるための表現方法であったりする。登場人物の相互関係が魅力的だと思う子どももいるかもしれない。そういった作品に散りばめられている作品の魅力の順位づけを行う。順位をつけることによって，人とは違う魅力に一人ひとりの感じ方の違いを感じることができる。また，学習前にも順位づけをすることによって，学習することで見えてきた登場人物の人柄，構成などの，自分自身の読みの成長もとらえることができる。以下，表彰台を作るための要件である。

- 「登場人物の人柄，場面構成，登場人物の関係，中心人物の変容，周りの様子の表現方法，クライマックス，登場人物の台詞」の中からその物語の魅力だと思う所の順位づけをすること
- 魅力だと選んだところの根拠を叙述をもとに述べること
- 審査員のコメントとして見る人へのメッセージを書くこと

3 「問い」のある単元づくり

言語活動の設定

自分たちが考える物語の魅力とは何なのかを交流する。その後、物語の魅力を伝えるために、オススメ表彰台作りを設定する。

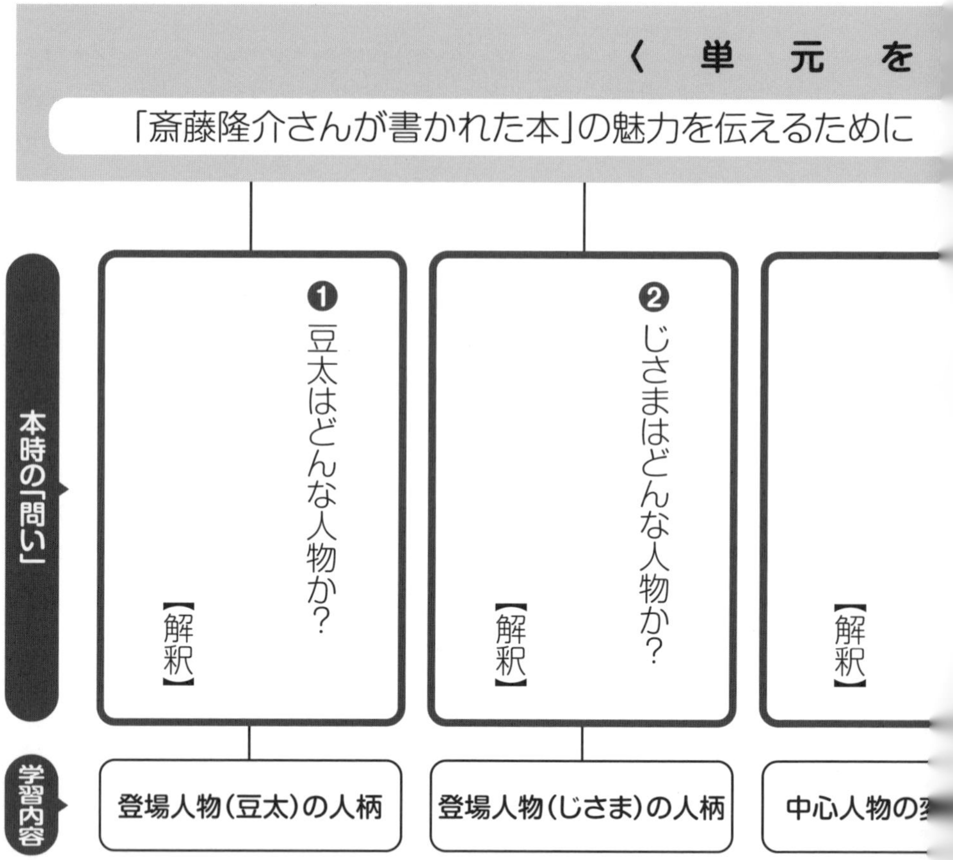

〈単元を

「斎藤隆介さんが書かれた本」の魅力を伝えるために

本時の「問い」

❶ 豆太はどんな人物か?【解釈】

❷ じさまはどんな人物か?【解釈】

【解釈】

学習内容

登場人物（豆太）の人柄

登場人物（じさま）の人柄

中心人物の変

指導の

〈言語活動の設定〉	〈問い①〉	〈問い②〉	〈問い
・教師自作のオススメ表彰台に出合い，本の魅力を伝える意欲を高める。その後，まず，「モチモチの木」の魅力の順位づけを行う。そして，お互いどんなところをあげているのかを交流させる。	・豆太の人柄の魅力をとらえさせるために，豆太の人柄とその根拠を会話文，行動を表す文などの叙述から探すようにさせる。このとき，昼と夜で対比的に描かれる豆太の性格についても気づかせる。	・じさまの人柄の魅力をとらえさせるために，じさまの人柄とその根拠を会話文，行動を表す文などの叙述から探すようにさせる。このとき，豆太と対比的に描かれるじさまの人柄にも触れるようにする。	・豆太のじさ ちに気づ 太の関係性 とができる の人柄の変 を話し合う た，どうして 理由も話し

貫　く　「問い」　〉

は，どのようにオススメ表彰台に表現すればよいか？

❸ 豆太は本当に変わったのか？

❹ 「モチモチの木」に対するじさまと医者様の言葉はどちらが正しいか？
【解釈】

❺ 「モチモチの木」の終わり方に賛成か、反対か？
【評価】

容とその理由

登場人物の役割

物語の構造

表現・交流の観点
- 登場人物の人柄を叙述をもとに書いているか。
- 作品の魅力を伝える構造や登場人物の関係を書いているか。

ポイント

③〉	〈問い④〉	〈問い⑤〉	〈表現・交流〉
まを慕う気持き，じさまと豆をとらえるこように，豆太容とその根拠ようにする。ま変わったのか合わせる。	・じさまと医者様の物語上の役割や豆太とじさまの関係に気づくことができるように，「モチモチの木に灯がついている」と言った豆太に対するじさまと医者様のことばの違いを話し合わせる。	・「モチモチの木」の物語の構造のおもしろさに気づくように，既習の「三年とうげ」の終わり方と比較する活動を設定する。また，作者の意図に気づくように，終わり方のよさを話し合わせる。	・「斎藤隆介シリーズ」の中で一番お気に入りの本の登場人物の人柄などの作品の魅力をオススメ表彰台として表現させる。人によって違う物語の魅力を感じることができるように，表彰台を交流させる。

4 解釈の「問い」の授業

▶授業のねらい◀

モチモチの木に対する医者様とじさまの言葉を比べ，どちらが正しいのかを話し合うことを通して，じさまや医者様の役割に気づき，順位づけることができる。

全体をとらえる

◎ステージづくり

医者様とじさまの言葉はどちらか？

- 「まるで～ようだ」だから医者様
- 「山の神様のお祭り」だからじさま
- 「モチモチの木」だからじさま

ズレ・立ち止まりをつくる

◎本時の「問い」

医者様とじさまが言ったことは，どちらが正しいか？

- 豆太と医者様は一緒に見たから医者様が正しい。
- 絵を見ても，雪に星が光って灯がついたように見えるから医者様が正しい。
- じさまは子どもの頃，神様のお祭りを見たから，じさまが正しい。
- 神様のお祭りは勇気がある子しか見ることができない。豆太は夜中に一人で医者様を呼びにいけるほど勇気のある子どもだったから，じさまが正しい。
- 本当は医者様の言ったことが正しいと思うけど，豆太の勇気も本当だと思う。
- じさまは，豆太に「おまえは，勇気のある子だよ。」って言いたかったんじゃないかと思う。

指導のポイント

・モチモチの木に対する評価の違いに目を向けることができるように，医者様とじさまが言ったモチモチの木の様子を短冊にして提示する。

・医者様は現実のモチモチの木の様子を言って，じさまは豆太を元気づけるために言っていることに気づくことができるように，根拠を対比的に板書する。

・豆太を勇気のある子どもにしたいと思うじさまの気持ちに気づくことができるように，なぜ，じさまが「神様のお祭り」と言ったのかを考えさせる。

「ことばの仕組み」を見せる

◉思考の深化

> 一番気持ちを込めて読みたいところはどこか？

- 「勇気」: じさまの一番伝えたいことだから。
- 「弱虫だなんて思うな」: 豆太は自分が弱虫だと思っているから。
- 「やさしさ」:「さえあれば」と言っていて,「さえ」は強くいう時の言葉だから。

・じさまが伝えたかった「勇気」「弱虫だと思うな」「やさしさ」などの言葉に着目できるように,じさまの言葉で一番強く読むところはどこかを考えさせる。

思考をふり返る

◉まとめ・発展

> 医者様の言葉やじさまの言葉は,
> オススメ表彰台の何位にするのか？

- 私は1番目です。なぜなら,じさまの「自分で自分を弱虫だなんて思うな」という言葉からじさまが豆太の勇気を出してほしいという気持ちが伝わってくるからです。
- 私は3番です。なぜなら,じさまの「やさしささえあれば」という言葉からじさまが豆太の優しさを認めていることがわかるからです。

・観点にもとづいた本の魅力の書き方が定着するように,今日学んだ「医者様やじさまの言葉や豆太とじさまの関係」の順位づけとその理由をオススメ表彰台につけ加えさせる。

▶本時の板書◀

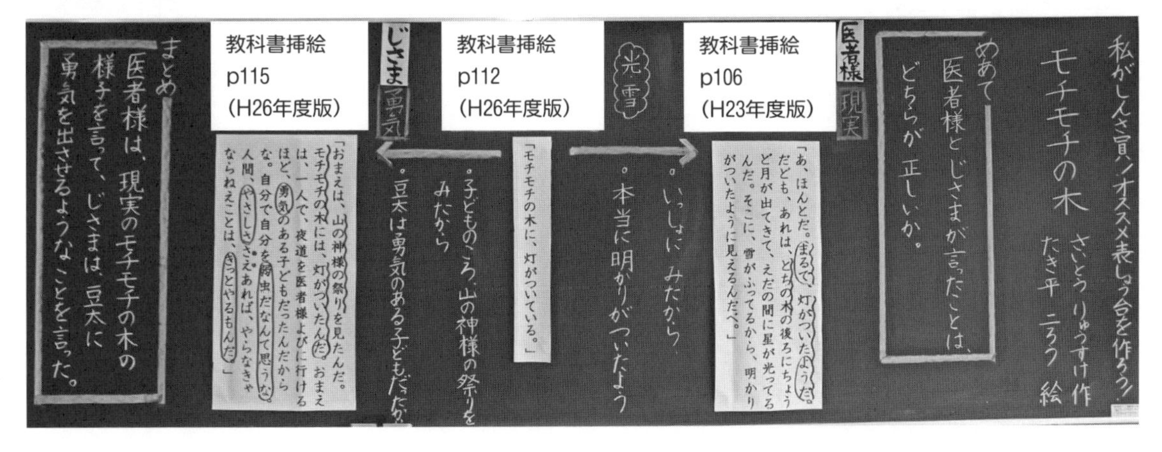

5 評価の「問い」の授業

▶授業のねらい◀

はじめと行動面では変わらない終わりの豆太について話し合うことを通して，「モチモチの木」の終わり方の効果に気づき，順位づけることができる。

全体をとらえる

◉ステージづくり

「三年とうげ」の終わり方と違うところはどこか？

- 今までは，登場人物のすることががらりと変わっているよ。
- 「モチモチの木」は臆病豆太のままに見えるよ。

ズレ・立ち止まりをつくる

◉本時の「問い」

「モチモチの木」の終わり方に賛成か，反対か？

○賛成

- 勇気のある子どもになって，また戻ったら読者の人たちが面白いと思うから。
- 怖いながらもじさまを助けるために勇気を出したことが伝わるから。
- じさまが大好きなことがわかるから。
- 豆太が元にもどってしまって「あれ？」って思うけど，そしたら勇気って何だろうと考えるから。

●反対

- 豆太は勇気のない子どもということで終わるから。
- 豆太が臆病で，はじめと終わりで見た目はがらりと変わっていないから。
- じさまの言葉が伝わっているようには見えないから。
- 最後に豆太がまた元にもどってしまったら「あ〜あ」って思ってじさまもがっかりしてると思うから。

指導のポイント

- 今まで学習した物語の終わり方との違いを感じ取ることができるように，「モチモチの木」と「三年とうげ」の中心人物の変容を比較させる。

- 終わり方の効果について自分の考えをもつことができるように，賛成か，反対かを選択し，その根拠を書く時間を十分にとる。
- 本の魅力を伝えるための観点を再確認できるように，子どもたちから出てきた意見を「読者」「豆太の設定」「二人の関係性」「メッセージ」など同じ項目ごとに板書する。

「ことばの仕組み」を見せる

◉思考の深化

どうして作者はこの終わり方にしたのか？

- 目に見える成長ではなくて心の成長がわかる。
- 読む人が最後また戻ることで面白いと思う。
- 自分と豆太を身近に感じることができる。

・作者が「モチモチの木」で伝えたかったことや構成の魅力に気づくことができるように，「モチモチの木」の終わり方のよさを話し合わせる。

思考をふり返る

◉まとめ・発展

「モチモチの木」の終わり方は，
オススメ表彰台の何位にするのか？

- 私は１番です。なぜなら，元にもどる終わり方は作者が伝えたい「勇気」がとても伝わってくるからです。
- 私は２番です。なぜなら，今までの終わり方と違っていて，最後に大どんでん返しがあって楽しめるからです。

・観点にもとづいた本の魅力の書き方が定着するように，今日学んだ「モチモチの木」の終わり方の順位づけとその理由をオススメ表彰台につけ加えさせる。

▶本時の板書◀

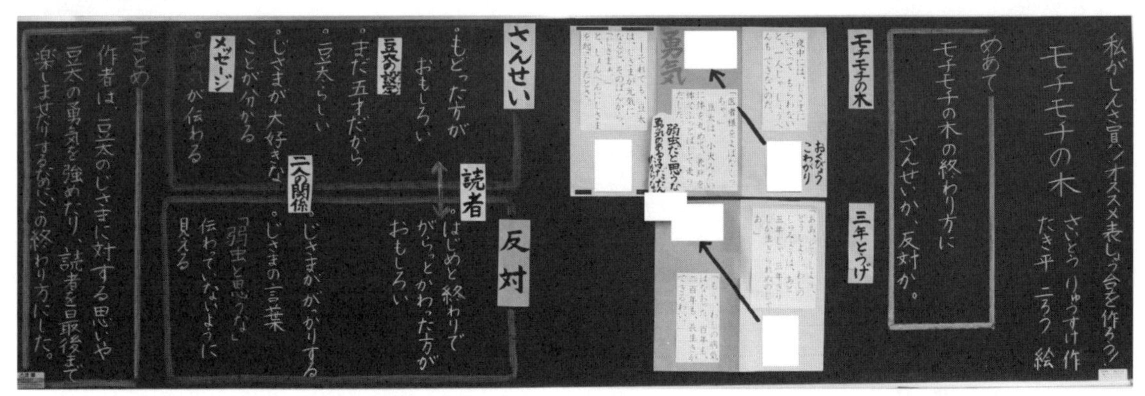

私がしんさ員！オススメ表しょう台を作ろう！
モチモチの木　さいとう りゅうすけ 作　たき平 二ろう 絵
めあて
モチモチの木の終わり方に　さんせいか、反対か。
モチモチの木
三年とうげ
勇気
おくびょう こわがり
さんせい
・もどった方がおもしろい
・まだ五才だから
・豆太らしい
・じさまが大好きなことが分かる
メッセージ
が伝わる
読者
反対
・はじめと終わりでがらっとかわった方がおもしろい
二人の関係
・じさまががっかりする
・じさまの言葉「弱虫と思うな」伝わっていないように見える
まとめ
作者は、豆太のじさまに対する思いや豆太の勇気を強めたり、読者を最後まで楽しませたりするためにこの終わり方にした。

第4学年 「ひとりぼっちのごんへ」お別れの手紙を書こう

教材名 「ごんぎつね」(光村図書４年下)

1 教材特性

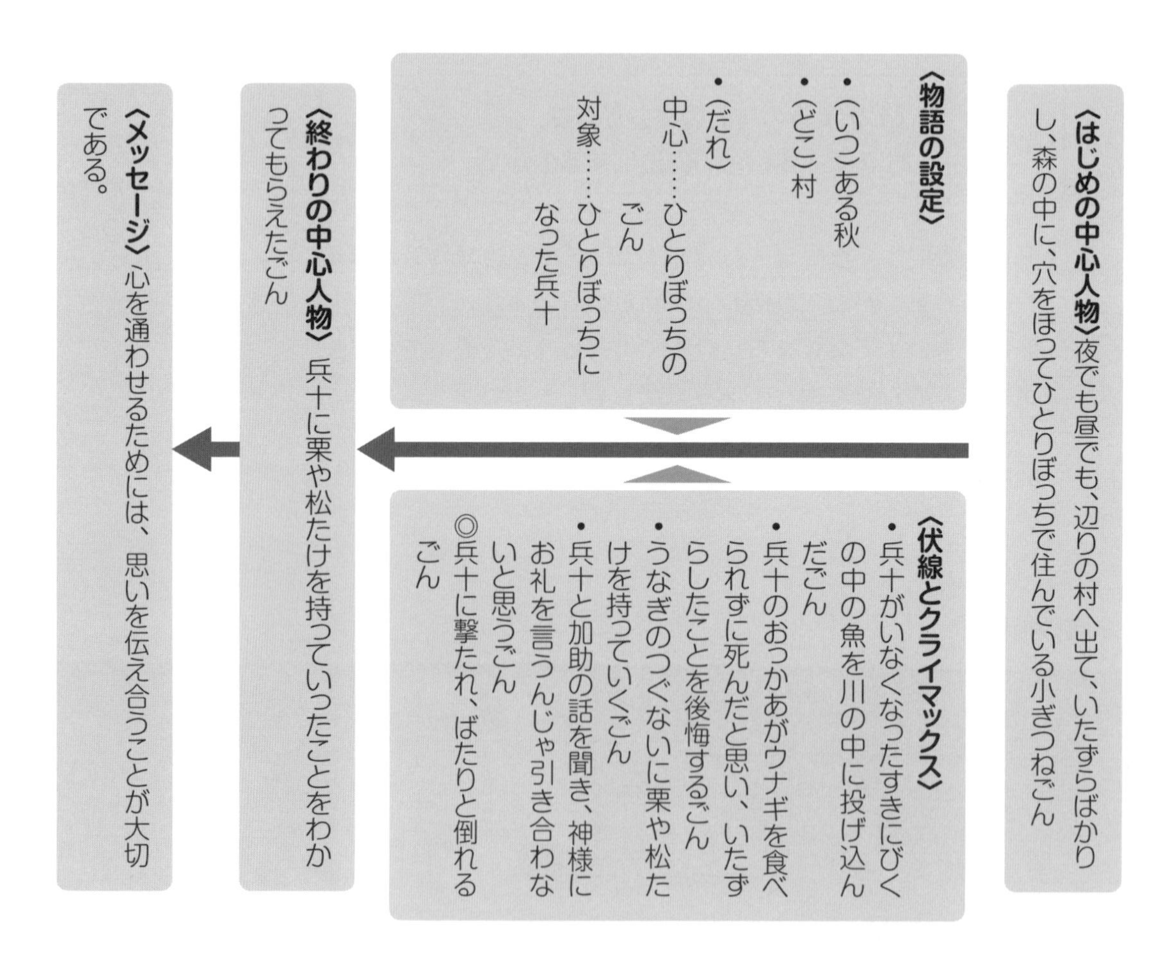

〈はじめの中心人物〉夜でも昼でも、辺りの村へ出て、いたずらばかりし、森の中に、穴をほってひとりぼっちで住んでいる小ぎつねごん
〈物語の設定〉
・(いつ)ある秋
・(どこ)村
・(だれ)
中心……ひとりぼっちのごん
対象……ひとりぼっちになった兵十
〈伏線とクライマックス〉
・兵十がいなくなったすきにびくの中の魚を川の中に投げ込んだごん
・兵十のおっかあがウナギを食べられずに死んだと思い、いたずらしたことを後悔するごん
・うなぎのつぐないに栗や松たけを持っていくごん
・兵十と加助の話を聞き、神様にお礼を言うんじゃ引き合わないと思うごん
◎兵十に撃たれ、ばたりと倒れるごん
〈終わりの中心人物〉兵十に栗や松たけを持っていったことをわかってもらえたごん
〈メッセージ〉心を通わせるためには、思いを伝え合うことが大切である。

「ごんぎつね」は，小ぎつねのごんが，兵十と仲よくなりたいと思って，栗等を持っていくが，思いが伝わらず，兵十に火縄銃で撃たれることにより，思いが伝わるという物語である。ごんが，兵十と仲よくなりたいと思う気持ちは，はじめからあったわけではない。ごんは，ひとりぼっちの小ぎつねで，しだのいっぱいしげった森の中に，穴をほって住んでいた。そのことが，ごんのさびしさを増幅させていき，いたずらをすることにより，村の人にかまってほしいという行動に出るのである。そして，兵十へのいたずらから，兵十を自分と同じ境遇にさせてしまったことへのつぐないをはじめ，兵十と仲よくなりたいという気持ちを強くしていったのである。そのことがわかるのが，兵十と加助との会話である。ごんが「へえ，こいつはつまらないな。」「おれは引き合わないなあ。」と思ったにもかかわらず，その明くる日も，栗を持って，兵十の家に行く。これらのことからごんと兵十の関係性をとらえさせていく。

ところで，この物語は，ごんの視点で話が進んでいくが，クライマックスの場面において，視点が兵十に変わる。このことにより，ごんの悲劇性が増す。さらに，「ごんは，ぐったりと目をつぶったまま，うなずきました。」「青いけむりが，まだつつ口から細く出ていました。」でクライマックスとラストをむかえる。物語の書き出しを読んでみると，「これは，わたしが小さいときに，村の茂平というおじいさんから聞いたお話です。」とあり，兵十がごんのことを語り継いだことがわかる。兵十にとってごんは，いたずらばかりしていたが，自分のために栗や松たけ等を持って来てくれるきつねだったのでその事実を伝えたいという気持ちと，ごんを撃ってしまったことへの後悔等もあって語り継がれたのかもしれない。

また，ごんのつぐないの仕方では，ごんが「いわしを投げ込んだ。」「入り口にくりを置いた。」「土間にくりを固めて置いた。」というように，置き方にその気持ちが表れている。

「ごんぎつね」は，1956年に大日本図書が採用したのが初めであり，現在では，全社が採用している。教科書掲載の「ごんぎつね」は新美南吉の草稿を編集したものである。教科書では，クライマックスで「ごんは，ぐったりと目をつぶったまま，うなずきました。」となっているが，草稿では，「権狐は，ぐったりなったまま，うれしくなりました。」と違っている。

2　活動特性

手紙とは，特定の第一者が，特定の第二者に対し，ある目的を持って，用件・意思・心情を，文章や詩歌などを用いて伝える通信の手段である（国語教育指導用語辞典・2009年・教育出版）。手紙は1対1のように相手が明確であるものや，1対多のように，相手が複数のこともある。また，目的や伝えたい内容に意志の強弱の差もある。「ごんぎつね」でイメージする手紙は，ごんの生き方等について，子ども自身が考えたことを文章にして，ごんに届けるという相手意識・目的意識を明確にしたものである。中学年文学指導の重点「登場人物の性格や気持ちの変化を読む力」「情景などについて，叙述を基に想像して読む力」を育てるには適した言語活動である。以下，手紙の要件である。

- 青いけむりが，まだつつ口から細く出ているところを想定して，手紙を書くこと
- ごんへ送る手紙とすること
- 書き出しは，「はじめは，夜でも昼でも村へ出ていたずらばかりする，ひとりぼっちのごんでしたね。」とすること
- 手紙の最後は，「天国へ行っても，〜。」とすること

3 「問い」のある単元づくり

言語活動の設定

大まかなあらすじをとらえ，読後感を交流する。銃で撃たれたごんにお別れの手紙を書く言語活動を設定する。

〈単元を

ごんにお別れの手紙を書くとき，

本時の「問い」

❶ごんが兵十に栗や松たけを持っていく目的は何か？【解釈】

❷4・5の場面は必要か？【解釈】

学習内容

物語の設定

場面設定の意図

指導の

〈言語活動の設定〉	〈問い①〉	〈問い②〉
• はじめと終わりのごんの変容をとらえ，「～するごん」にまとめさせる。どうしてごんは撃たれなければならなかったのかを話し合わせることにより，ごんに手紙を書く活動を設定する。	• しだのいっぱいしげった森の中で，ひとりで住んでいるごんと，自分のせいでひとりぼっちになってしまったと思っている兵十を比較させ，ごんのつぐないについて話し合わせる。	• 4・5の場面がある場合とない場合とを比較させることにより，単につぐないだけではなく，「兵十のかげぼうしをふみふみ行きました。」等の表現から兵十への思いが強くなっていることを話し合わせる。

貫く「問い」〉

どのような内容にすれば伝わるか？

❸ 銃で撃たれたけど，ごんはうれしかったのか？　悲しかったのか？
【解釈】

中心人物の変容

❹ ごんの生き方をどう思うか？
【評価】

中心人物の評価

表現・交流の観点

- 作品のメッセージを表すことができたか。
- 中心人物の変容を表すことができたか。
- 一人ひとりの感じ方の違いに気づくことができたか。

ポイント

〈問い③〉	〈問い④〉	〈表現・交流〉
• ごんのこれまでのつぐないの行動を比較し，心情曲線に表す。ごんの兵十に対するつぐないの気持ちが強くなっていることを読み，ごんの変容を解釈させる。	• ハッピーエンドで終わることがなかったいたずらばかりするひとりぼっちのごんの生き方についての是非を挿絵等と対応させながら考える。	• 兵十に撃たれたごんにお別れの手紙を書くようにする。グループで手紙を読み合うことにより，一人ひとりの感じ方に違いがあることに気づくことができるようにする。

4 解釈の「問い」の授業

▶授業のねらい◀

銃で撃たれたごんは，うれしかったのか，悲しかったのかを話し合うことを通して，ごんの行動や気持ちの変化を読み，兵十とごんの関係をまとめることができる。

全体をとらえる

◉ステージづくり

「ごんは，ぐったりと目をつぶったまま，うなずいた」とき，どんなことを考えていたのだろうか？

- 兵十が気づいてくれたのなら，うれしいな。
- 兵十に撃たれるなんて悲しいな。

ズレ・立ち止まりをつくる

◉本時の「問い」

銃で撃たれたけど，ごんはうれしかったのか？
悲しかったのか？

- ごんはうれしかったと思う。だって，兵十につぐないをしていて，それが神様のしわざではなく，ごんがしていると兵十が気づいてくれたから。
- でも，つぐないをわかってもらえたのなら，明日からは兵十ときちんと会うことができるので，悲しかったと思う。
- ごんは「ひとりぼっちの小ぎつね」で，兵十も「おれと同じひとりぼっち」で，気持ちがわかり合えることができたのが，初めてだったからうれしかったと思う。
- でも，ごんはやっといたずらばかりでなく，つぐないもできるようになって，変わろうとしていたから悲しかったと思う。
- わかってくれたのはうれしかったと思うけど，これで「さよなら」になってしまうのは，本当に悲しくて，どっちもある。最後は悲しいより悔しかったと思う。

指導のポイント

- 兵十に撃たれて，うれしかった，悲しかったという読みを紹介し，ズレを引き出しつつ，ごんの気持ちを問う。
- 「つぐないをしているのが，神様ではなく，ごんだった」ということに気づいてくれてうれしい，「ひとりぼっち」で寂しかったごんにわかり合える人ができたからうれしい，せっかくわかり合えたのに，明日がないから悲しい，等さまざまな考えを引き出し，論点を形成していく。

「ことばの仕組み」を見せる

◉思考の深化

> ごんの兵十に対する気持ちは，変化しているだろうか？

- つぐないの気持ちがだんだん友達になりたいというような気持ちに変わっている。
- 「ひとりぼっち」にしてしまった兵十に心からつぐないをしたいという強い気持ちになっていると思う。

思考をふり返る

◉まとめ・発展

> 兵十は，ごんの気持ちを理解することができたか？

- 兵十は銃をばたりと取り落としたので，理解することができた。
- この話が伝わっているということは，兵十はごんのことをきちんと村の人に話していて，よいきつねであったと伝えたかったのだと思う。

- 「いわしを投げこんだ」「入り口にくりを置いた」「こっそり中へ入って土間にくりを固めて置いた」というごんの行動を示す。つぐないの気持ちの強さを心情曲線で表し，兵十へのつぐないを超えた気持ちについて話し合わせる。

- この物語は，語り継がれていることにも着目できるように，物語の書き出しに着目させて，根拠を書くようにさせる。

▶本時の板書◀

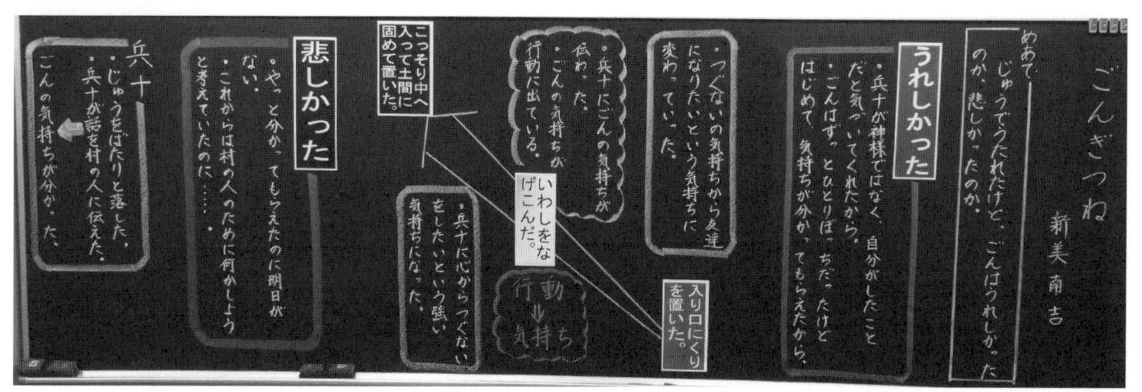

5 評価の「問い」の授業

▶授業のねらい◀

ごんの生き方について話し合うことを通して，一人ひとりの感じ方に違いのあることに気づき，物語のテーマ「ひとりぼっち」について自分の考えを表すことができる。

全体をとらえる

◉ステージづくり

「ごん」はどういうきつねだったのだろうか？

- かわいそうなきつね
- 本当にさびしかったきつね
- ひとりぼっちのきつね
- いいきつね

ズレ・立ち止まりをつくる

◉本時の「問い」

ごんの生き方をどう思うか？

- ひとりぼっちがさみしいので，いたずらをして，みんなの気を引こうとするのはよくないと思う。でも兵十のためにつぐないを毎日毎日しているのは，立派だったと思う。
- ごんはきつねなので，「ごめんなさい」ということができないので，栗や松たけを持っていくしかなかった。兵十と話せないというのが，一番かわいそう。
- ひとりぼっちのさみしさを知っているごんが，ひとりぼっちにさせてしまった兵十のために，失敗もあったけど一生懸命つぐないをする姿はすごいと思う。これまでのいたずらも許してもらえるといいな。
- ごんは，つぐないなんかしないで，今まで通り暮らしていたらよかったと思う。そしたら，撃たれることもなかったのに…。でも，同じひとりぼっちだったからじっとできなかったんだと思う。

指導のポイント

・中心人物である「ごん」を一言で言い表すと，どのようなきつねかを問い，本時の方向性を示す。

・ごんの生き方をどう思うかを考えさせるために，「いたずらばかりするごん」，「つぐないをするごん」，「兵十にうたれるごん」などを提示し，自分の考えを書くようにする。

・子どもたちの感想を共感的に受け止め，それぞれの感想の違いを板書で構造化する。

「ことばの仕組み」を見せる

◉思考の深化

> 兵十につぐないをしている間，
> ごんはいたずらはしなかったのか？

- 兵十のおっかあがうなぎが食べたくても食べられずに死んでしまったのは自分のせいだと思っているので，もう二度といたずらをしないと決めたと思う。
- ごんは，いたずらしたくてしてたんじゃないし，同じひとりぼっちの兵十に栗や松たけを持っていかないといけないからしていない。

・１の場面では，夜でも昼でもいたずらばかりしていたごんが，４の場面では，月のいい晩に，ぶらぶら遊びに出かけるだけになっているということを比較し，ごんが変容していることに目を向けさせる。

思考をふり返る

◉まとめ・発展

> 「ひとりぼっち」って，どんなものなのだろう？

- ひとりぼっちって，すごくつらいものだと思う。自分のことをだれかにわかってもらいたくなる。
- ひとりぼっちは，さみしすぎて，がまんできない。

・「ひとりぼっち」が物語のテーマになっていることを確かめ，「ひとりぼっちとは，～である。」でまとめる。

▶本時の板書◀

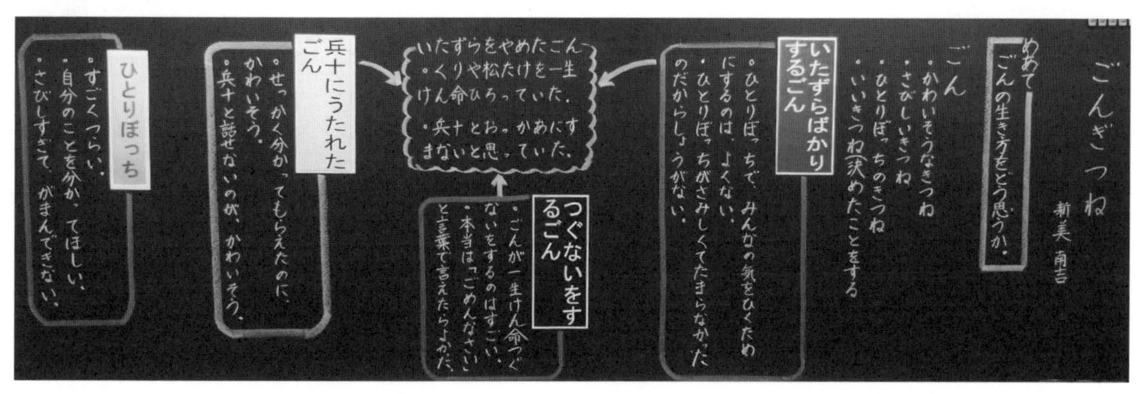

第5学年

リーフレットで解説！作品のなぞ

教材名 「注文の多い料理店」（東京書籍５年）

1 教材特性

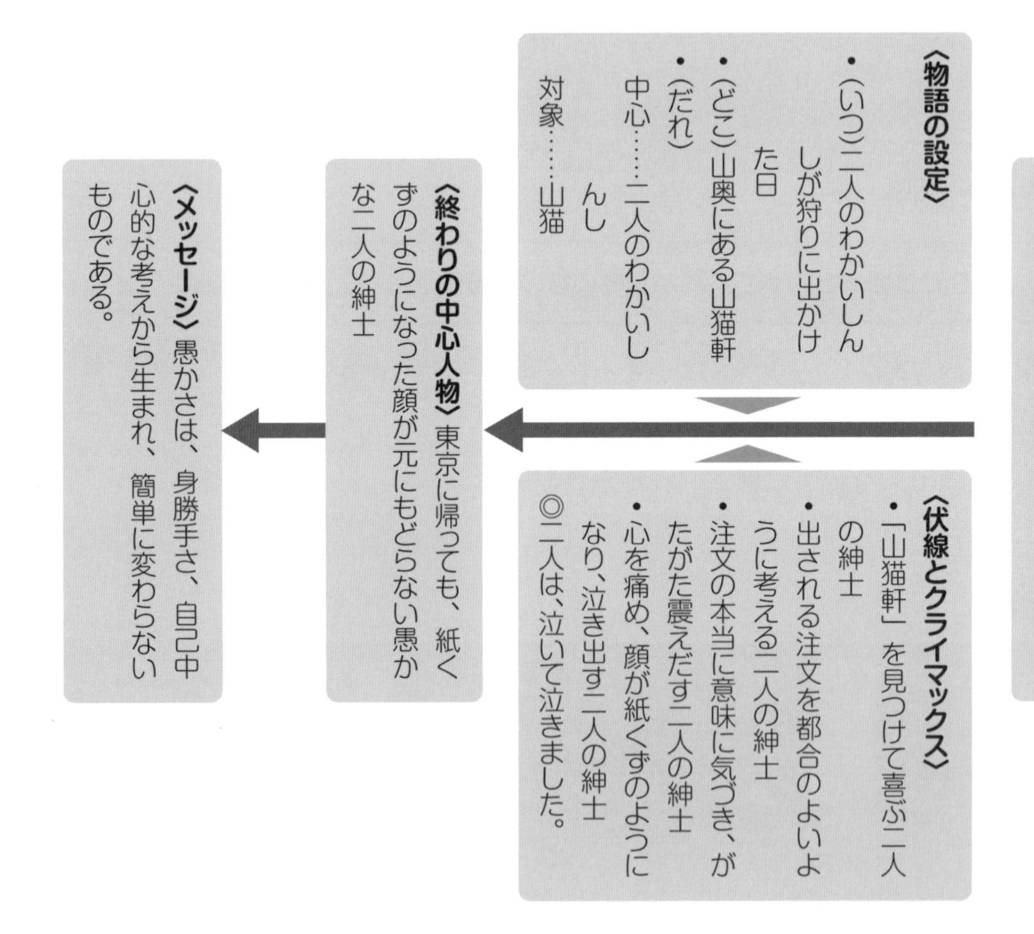

「注文の多い料理店」は，宮沢賢治の作品の中でも読みやすい文章で書かれている。虚栄心を満たすために山奥にやって来た二人の紳士が道に迷う。そこに現れた山猫軒から出される注文を自分たちの都合よく解釈していく。気づいたときは，逃げ場のない恐怖に，泣くこと以外何もできなくなってしまう。教材の特性としては，次の３点が挙げられる。

１点目は，同化と異化によって中心人物の人物像をとらえることができる点である。戸に書かれた注文は全部で7枚。二人の紳士が注文の本当の意味に気づくのは，6枚目の戸の裏である。初読では，はらはらしながら二人の紳士に同化して読み，この二人の愚かな人物像にはあまり意識が向かない。しかし，再読するときには，読み手は二人の言動の滑稽さを明らかにしながら，自己中心的で身勝手な二人の紳士の人物像をとらえることができる。

2点目は，二人の紳士と山猫の相互関係から，中心人物である二人の紳士の愚かな人物像をとらえることができる点である。両者の関係は，戸に書かれた注文を通して描かれ，初読では，山猫は身勝手な人間を懲らしめる存在としてとらえられる。最初の戸には，「どなたもどうかお入りください。」と書かれている。「どうぞ」ではなく，「どうか」と店側が客を懇願しているのは明らかにおかしい。また，その戸の裏には，「ことに太ったおかたやわかいおかたは，大かんげいいたします。」と書かれている。なぜ，体格や年齢なのか。このように，戸に書かれた注文の言葉の意味を考えることで，山猫の愚かな人物像も明らかとなる。この両者の愚かさを比較することで，二人の紳士の愚かさが際立ってくることになる。

3点目は，「現実－非現実－現実」というファンタジー構造と中心人物の変容を結びつけて，作品のメッセージを意味づけることができる点である。「風がどうとふいてきて，草はザワザワ，～」から二人の紳士が不思議な世界へ入り込み，同じ表現で現実に戻る。しかし，非現実で起こったはずの出来事である二人の紳士の紙くずのようになった顔は元通りにはならない。さらに，見栄を張るために山鳥を買って帰るなど，二人の紳士の愚かな人物像は変わっていないことから，最後の文の意味を考えることで，人間の「愚かさ」を徹底的に風刺する作者の意図やその効果，作品のメッセージを意味づけることができる。

本教材は，「なぜ，山猫軒は現れたか。」「なぜ，二人の紳士の顔は戻らなかったのか。」など，初読の後に疑問が多く残る。それらのことを「作品のなぞ」として，解決していきながら作品を読み深めていくことで，初読と再読の違いを感じることができる特性がある。

2　活動特性

リーフレットとは，宣伝・案内などのために，折りたたんで冊子状にした表現物である。目的に応じて，折り方を変えることで構成の工夫もできる。「注文の多い料理店」の作品を特徴づけるものは，「戸」の存在である。「戸」に書かれた注文には，二人の紳士が気づかない山猫のねらいや作者からのメッセージがある。それらについて解釈したり意味づけたりしたことを，リーフレットを戸に見立て，折り方や構成を工夫しながら解説することができる。高学年の文学指導である「登場人物の相互関係や心情をとらえる力」「優れた叙述について自分の考えをまとめる力」を育てる上で，適した言語活動である。以下，リーフレット作りの要件である。

- リーフレットを読む人を誘うキャッチコピーを表すこと
- 作品の構造と登場人物の関係を3つの構成で表すこと
- 作品のメッセージを一文で表すこと

3 「問い」のある単元づくり

言語活動の設定

大まかなあらすじをとらえ、読後感を交流する。作品のなぞを解説するために、リーフレット作りの言語活動を設定する。

〈単元を

「注文の多い料理店」のなぞを解説するために,

本時の「問い」

❶ 二人の紳士は最後まで山猫の罠に気づかなかったのはなぜか？【解釈】

❷ 二人の紳士と山猫はどちらが愚か者か？【解釈】

学習内容

中心人物の人物像

登場人物の関係

指導の

〈言語活動の設定〉	〈問い①〉	〈問い②〉
・読後感を交流し，多様に解釈できることを「作品のなぞ」として設定する。その後，「戸」に見立てた教師自作のリーフレットを提示し，「作品のなぞ」を解説するリーフレット作りへとつなぐ。	・二人の紳士の愚かな人物像について，山猫の注文に対する二人の紳士の行動や会話から解釈することができるように，二人の紳士がどこで山猫のねらいに気づいたのか話し合わせる。	・二人の紳士と山猫の愚かさを比較し，愚かな二人の紳士の人物像について解釈を深めさせる。二人の紳士の前に，料理店が現れた意味や見捨てた犬に助けられたことについても考えさせる。

表現・交流の観点

- 作品のメッセージを表現することができたか。
- 作品の構成、登場人物の人物像、表現の工夫について、解説することができたか。

貫く「問い」

リーフレットにどのようにまとめればよいか?

❸ はじめと終わりで二人の紳士は変わったのか?【解釈】

中心人物の変容

❹ 二人の紳士の顔がもどらなかったことに賛成か反対か?【評価】

作品のメッセージ

ポイント

〈問い③〉	〈問い④〉	〈表現・交流〉
・ファンタジーの構造とはじめと終わりの二人の紳士の変容について考えさせる。さらに，非現実の世界での出来事が現実となっていることについて話し合わせ，作者の意図に目を向けさせる。	・最後の一文があることに対して，賛成か反対かについて話し合い，その効果を考えさせるとともに，最後の一文を書いた作者の意図を考え，作品に対する意味づけをするようにする。	・作品のメッセージをリーフレットに解説させる。解説する具体については，これまで読んできたことから選択させる。リーフレットを読み合い，読みを広げ，深めるようにする。

4 解釈の「問い」の授業

▶授業のねらい◀

「二人の紳士と山猫はどっちが愚か者か」を話し合うことを通して，二人の紳士と山猫の関係を読み，二人の紳士の人物像をまとめることができる。

全体をとらえる

◉ステージづくり

二人の紳士はどうして食べられなかったのだろうか？

- 犬が来たから助かった。
- でも，犬が来なくても，山猫の注文の内容がおかしくて，二人の紳士がそれに気づいたよ。
- 紳士も愚かだけど，山猫も愚かだよ。

ズレ・立ち止まりをつくる

◉本時の「問い」

二人の紳士と山猫は，どちらが愚か者なのか？

- 二人の紳士は，最後まで山猫の罠に全然気づかない愚か者だけど，山猫も，最後のところで自分から失敗しているから，愚か者だよ。
- でも，気づいたときには，何もできずにがたがたと震えて，泣くしかできなかったので，本当に情けない愚か者だと思う。
- それに，最初，二人の紳士は，「何でもかまわないから，早くタンタアーンとやってみたいもんだなあ。」と言っていたよね。
- 自分たちが楽しむために動物を殺そうとして，わざわざ，山奥に行ったから，山猫軒に迷い込んでしまった愚かな紳士だね。

指導のポイント

・二人の紳士の愚かさに目を向けていたことから，山猫の愚かさに気づくことができるように，「二人の紳士はどうして食べられなかったのか？」という，二人の紳士が助かった理由を問うようにする。

・山猫の愚かさに気づいたところで，二人の紳士と山猫の愚かさを対比し，その質の違いから二人の紳士の愚かさに対する新たな解釈の視点を得ることができるように，「二人の紳士と山猫は，どちらが愚か者か？」と問い，どちらかの立場を決め，話し合うようにする。

「ことばの仕組み」を見せる

思考の深化

なぜ，この料理店は，二人の紳士の前に現れたのだろうか？

- 山猫は，動物の命を大切にしない二人の紳士に怒って，罠を仕掛けたんじゃないかな。
- 二人の紳士は，自分が連れてきた犬の命もお金としか思わないから，そんな二人を懲らしめるために現れたのだと思う。

・二人の紳士の愚かさに対する解釈を深めることができるように，二人の紳士の前にこの料理店が現れた意味や山猫のねらいを考えるようにする。

思考をふり返る

まとめ・発展

犬に助けられた二人の紳士をどう思うか？

- 見捨てたはずの犬に助けられている紳士は，本当に恥ずかしいと思う。
- お金としか思っていなかった犬に助けられたこの紳士は本当にどうしようもないね。

・二人の紳士の人物像に対する解釈の深まりに気づくことができるように，ノートに犬と対比した二人の紳士の人物像をまとめるようにする。

▶本時の板書◀

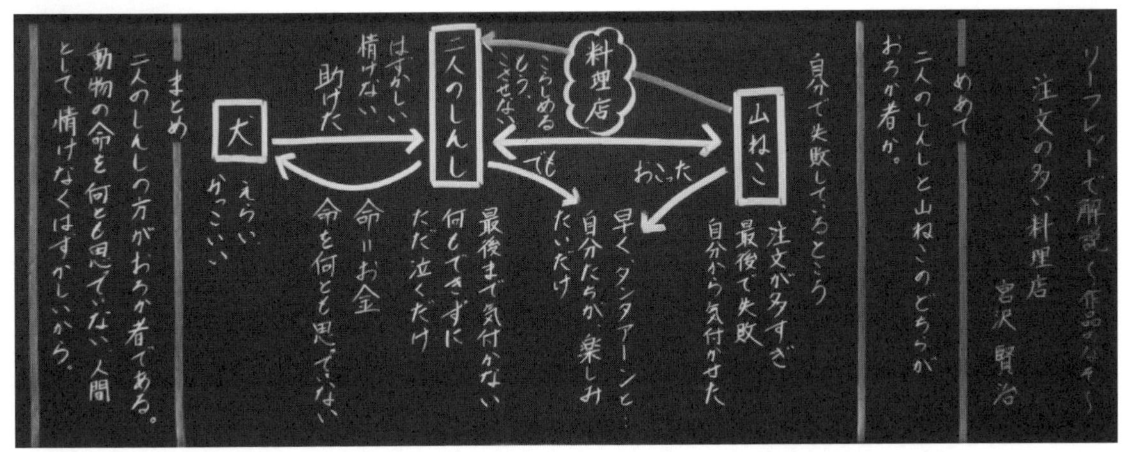

5 評価の「問い」の授業

▶授業のねらい◀

「二人の紳士の顔がもどらなかったことに賛成か反対か」を話し合うことを通して，最後の一文を書いた作者の意図を考え，作品のメッセージを表すことができる。

全体をとらえる

◎ステージづくり

はじめと終わりの二人の紳士は変わったのか？

- 犬に助けられて，にわかに元気づいて，山鳥を十円だけ買って帰っているから，心は何も変わっていないね。
- でも，最後には，顔が紙くずのようにくしゃくしゃになったところは変わったよ。

ズレ・立ち止まりをつくる

◎本時の「問い」

二人の紳士の顔がもどらなかったことに賛成か，反対か？

- 顔が元の通りにもどらなかったことは，少しかわいそうに思うので，反対です。
- まだ，思っていただけで，実際に撃っていないから命をそまつにしたわけじゃないと思う。
- でも，犬をお金としか考えていなかったよ。
- それに，命をお金で考えたり，自分勝手に考えたりする愚か者には，当然のことだと思うから，顔をもどさなかったことに賛成です。
- もし，顔が元にもどったら，この二人の紳士は，ただ怖い思いをした夢を見ただけになってしまうから，賛成です。
- 非現実から現実にもどったら，すべて元にもどると思ってたけど，二人の紳士みたいに元にもどらなかったら，ファンタジーってすごく怖いと思う。

指導のポイント

・二人の紳士の本質は変わっていないが，顔はくしゃくしゃのままであることをとらえることができるように，「はじめと終わりの二人の紳士は変わったのか？」と問い，変わったという立場と，変わらないという立場で，話し合うようにする。

・最後の一文に，この作品の作者である宮沢賢治さんの強い思いが表されていることに気づくことができるように，二人の紳士の顔をもどさなかったことに賛成か，反対かの立場に立ち，その理由について叙述を根拠に話し合うようにする。

「ことばの仕組み」を見せる

◉思考の深化

> 宮沢賢治さんは，どうして二人の紳士の顔をもどさなかったのだろうか？

- 命をお金で考えたり，自分勝手に考えたりするような愚か者に，反省させたかったんだと思う。
- 二人の紳士の愚かさを強調したかったんだと思う。

・作品のメッセージをとらえることができるように，二人の紳士の顔をもどさなかった作者の意図について話し合わせる。

思考をふり返る

◉まとめ・発展

> この作品から伝わってきたことは，どんなことか？

- 愚か者とは，自分のことばかり考えている人のことで，取り返しのつかないことになることを伝えたかったのだと思う。
- とっても大変な目にあっても，愚かなところは簡単には変わらないっていうことだと思う。

・これまで作品を解釈してきたことをもとに，作品に対する自分なりの意味づけを明確にすることができるように，「愚か者」をキーワードとして，ノートにまとめるようにする。

▶本時の板書◀

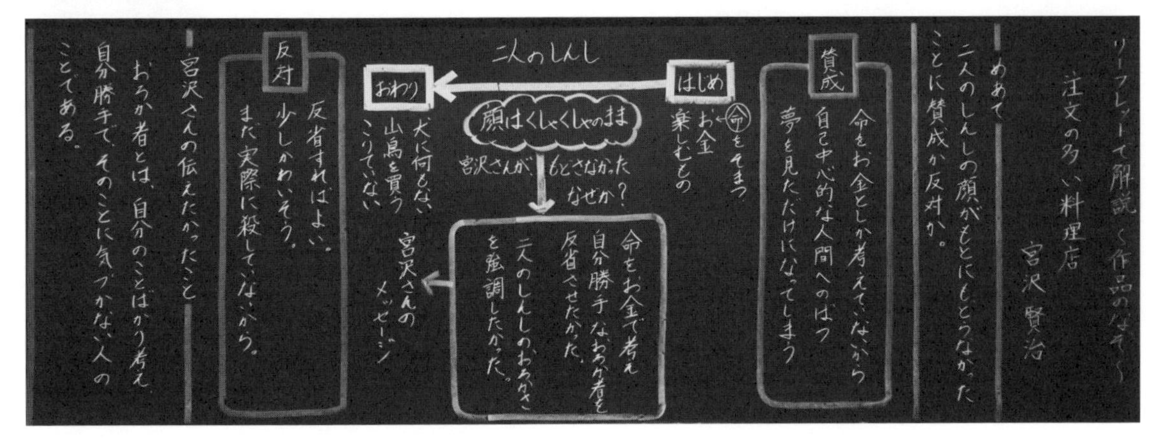

第6学年 ポップで伝えよう！作品の魅力

教材名 「海の命」（光村図書６年）

1 教材特性

〈はじめの中心人物〉 父親たちの住んでいた海をこよなく愛し、村一番のもぐり漁師である父親に尊敬と憧れの念を抱く少年の太一

〈物語の設定〉
・（いつ）
○少年期
○中学校を卒業する年の夏
○弟子になって何年もたったある朝
○青年期
○瀬にもぐり始めてほぼ一年後
○壮年期
・（どこ）海
・（だれ）
中心…太一
対象…おとう、与吉じいさ
周辺…母

〈伏線とクライマックス〉
・父親たちが住んでいた海をこよなく愛し、漁師になることを夢見る太一
・父の死を乗り越えようと、与吉じいさに弟子入りする太一
・与吉じいさのもとで「村一番の漁師」としてたくましく成長した太一
・父の命を奪ったクエを捕らえ、本当の一人前の漁師になろうとする太一
・クエを見つけ、もりを打とうする太一
◎水の中でふっとほほえみ…

〈終わりの中心人物〉 家庭をもち、村一番の漁師であり続けた太一

〈メッセージ〉 海の命は、いつまでも変わらず、海に生きる漁師たちに生き方を教えてくれる。

「海の命」は，海を舞台に，漁師になることを夢見る太一の成長物語である。中心人物である太一は，もぐり漁師であった父に憧れをいだき，同じ瀬で漁をしている与吉じいさに弟子入りする。クライマックスでは，父を倒したクエと対峙することで，「海のめぐみ」「千びきに一ぴきでいい」という父や与吉じいさの言葉の意味を理解し，本当の一人前の漁師へと成長する，中心人物の変容が明確な作品である。父を破ったクエを倒し，父を超える一人前の漁師になり

たいという太一に子どもは共感をもって読み進めることができるだろう。太一の行動を自分と比較しながら考えたり，太一の変容の要因について議論したりすることが可能な作品である。さらに，各登場人物の海に対する思いを，言葉や行動の中に暗示的に描写することにより，中心人物の成長の過程を効果的に表現している。また，「興奮していながら，太一は冷静だった」や，太一は，「泣きそうになりながら思う」が「ふっとほほえみ…えがおを作った」など，これらの矛盾した表現の中に，太一のどんな心情があるのか。なぜ，瀬の主を仕留めなかったのか。もし，仕留めていたら，物語はどのように展開していたのか。など，初読のあとに多くの疑問が浮かぶ。そこで，解決の糸口になるのが「海の命」という題名であり，「千びきに一ぴき」という与吉じいさの言葉や「海のめぐみ」というお父の言葉だろう。海は，すべての命の源であり，海に生きる以上は海のめぐみを大切にしながら生きていくことが大切であるというメッセージが浮き彫りとなる。父への思いや与吉じいさの教えを理解し，これからも海の命が変わらぬように太一は海で生きる。だから，村一番の漁師であり続けることができたのである。

同作者（立松和平）の作品に「山のいのち」がある。都市部で人との関わりを避けるように暮らしていた，中心人物である静一。忙しく仕事に飛び回る父と母。静一のことを父である良一と勘違いしている祖父。大自然の中で営まれている命の循環。中心人物の性格や成長の様子，他の登場人物の設定や物語の終わり方など「海の命」とは異なる。一方で，自然の雄大さや命の循環，自然から恩恵を受け，生かされている人々などのメッセージには，共通点を見出すことができる。

2 活動特性

ポップとは，視覚的な広告・宣伝の媒体であり，題名と作者名，またはキャッチコピーや説明文，イラストなどを手描きしたものである。ポップの基本は，題名と作者名，文，イラストで構成される。そして，これらのバランスをふり分けることによって，様々な目的に応じたポップが製作できる。文では，作品の見所やメッセージを一語で表現したり，作品に対する問いを投げかけたりするなどの工夫をすることができる。また，イラストでは，もっとも作品を象徴する場面を切り取ったり，登場人物の配置，大きさで人物関係を表したりするなどの工夫をすることができる。作品の情報を伝えるだけでなく，作品性やイラストの美しさなどの要素も視覚的に伝えることができる。その作品の魅力を一瞬にして伝え，目にした者を引きつけるところにポップのすばらしさがある。高学年の文学指導の重点「中心人物の変容を意味付ける力」「登場人物の相互関係をとらえる力」を育てる上で，適した言語活動である。以下，ポップ作りの要件である。

- 作品のメッセージを一文で表すこと
- 登場人物の関係を配置や大きさで表すこと
- 「海の命」や「山のいのち」を読む人へのメッセージを書くこと

3 「問い」のある単元づくり

言語活動の設定

大まかなあらすじをとらえ、読後感を交流する。「海の命」と「山のいのち」の魅力について話し合い、ポップ作りの言語活動を設定する。

〈単元を

「海の命」と「山のいのち」の魅力を伝えるに

本時の「問い」

❶ 太一はどんな人物か？【解釈】

❷ 太一の考える「村一番の漁師」とはどんな漁師か？【解釈】

❸ 太一の考え方を大きく変えたのはだれか？【解釈】

学習内容

物語の設定 ／ 中心人物の変容 ／ 登場人物の関係

指導の

〈言語活動の設定〉	〈問い①〉	〈問い②〉	〈問い③〉
・はじめと終わりの太一の変容をとらえ，展開，山場の出来事を「～する太一」とまとめさせる。読後感をもとに，クライマックスの一文を特定し，解釈を交流させる。	・太一やその他の登場人物の行動や会話文，海の描かれ方や登場人物の海への関わり方を話し合わせる。	・与吉じいさの言う「村一番の漁師」と結びにある「村一番の漁師」を比較し，太一が目指す「一人前の漁師」を解釈する。太一が瀬の主のことを話さなかった理由についても考えさせる。	・それぞれの登場人物の太一の成長への影響を考えさせる。おとうと，与吉じいさの違い，共通する思いを読み，おとう，与吉じいさ，太一の関係性をとらえさせる。

貫　く　「問い」　〉

は，どのようにポップに表現すればよいか？

❹ 静一はどんな人物か？

【解釈】

人物設定の意図

❺ 静一は、最後までイタチを「かわいそう」と思っているか？

【解釈】

中心人物の変容

❻ 「海の命」と「山のいのち」の終わり方は、どちらが効果的か？

【評価】

作品のメッセージ

表現・交流の観点

- 作品のメッセージを表すことができたか。
- 登場人物の関係を表すことができたか。
- 「海の命」と「山のいのち」の魅力を解説するポップを作ることができたか。

ポイント

〈問い④〉	〈問い⑤〉	〈問い⑥〉	〈表現・交流〉
• 静一やその他の登場人物の行動や会話文，山の描かれ方や登場人物の山への関わり方を話し合わせる。	• 静一の「かわいそう」という発言とその後の静一の行動に着目し，静一の変容について解釈させる。また，結びの文がイタチの視点から書かれている理由についても考えさせる。	• 「海の命」と「山のいのち」の終わり方を比べ，どちらが効果的かを話し合う活動を通して，根拠を明確にしながら結びの表現方法の効果をまとめさせる。	• 登場人物の変容や作品のメッセージを表現させる。ポップを相互評価し，ポップ大賞を決め，具体的な評価を話し合わせる。

4 解釈の「問い」の授業

▶授業のねらい◀

与吉じいさの言う「村一番の漁師」と結びにある「村一番の漁師」を比べ,「村一番の漁師」について話し合うことを通して,クライマックスと結末のつながりを読み,太一の変容をまとめることができる。

全体をとらえる

◉ステージづくり

「村一番の漁師」って,どういう漁師なのだろうか?

- 瀬の主も仕留めることができる,漁師としての腕が最高の漁師かな。
- おとうや与吉じいさみたいに,「海のめぐみ」とか,「千びきに一ぴき」と思える漁師だと思う。

ズレ・立ち止まりをつくる

◉本時の「問い」

3の場面の太一は,本当に「村一番の漁師」なのか? それともまだか?

- まだだと思う。だって,5の場面で「この魚をとらなければ本当の一人前の漁師にはなれない」と太一は,思っている。だからまだだと思う。
- 師匠の与吉じいさが認めているのだから,村一番の漁師だと思う。
- 与吉じいさと同じことができるようになっているから,村一番の漁師になっていると思う。
- 瀬の主を打たなかったのになぜ,6の場面では,村一番の漁師になっているのかな。
- 瀬の主を打たなかったから,村一番の漁師であり続けたんだと思う。3の場面の太一だったら瀬の主と戦っていたかもしれない。

指導のポイント

・3の場面と6の場面に「村一番の漁師」があることを確かめ,「村一番の漁師」の見方を問う。それを視点に太一の変容を考える。

・クライマックスの太一の変容は不可解。「こう思うことによって」でとりたいという感情を抑えつけたのではないか。「守ることが本当の一人前の漁師」ということに気づいたのではないか。瀬の主を打たなかったのに,村一番の漁師であり続けるのはあり得ないなど,さまざまな解釈を引き出し,対立・拮抗する意見を引き出す。

「ことばの仕組み」を見せる

◉思考の深化

> 3の場面の太一と6の場面の太一は，何が違うのか？

- 3の場面の太一は，与吉じいさの漁をそっくりそのまま真似しているだけ。だから，技術はあるけど，「千びきに一ぴきでいい」という言葉の意味は，まだ理解していないと思う。
- 瀬の主を海の命と思えるようになったとき，本当の一人前の漁師になったのだと思う。
- もし，瀬の主を打っていたら，お父のように命を落としていたかもしれないし，海の命を守る村一番の漁師にはなれなかったかもしれない。

・瀬の主と出合う前の3の場面の太一と出合った後の6の場面の太一の違いについて，ペアやグループを活用して，漁の技術だけでなく，海の命に対する考え方の違いに目を向けさせたい。

思考をふり返る

◉まとめ・発展

> なぜ，瀬の主のことは誰にも話さなかったのだろうか？

- 太一は必要に以上に海の命をとらないこと，守ることが本当の一人前の漁師と気づいたのだと思う。だから，話す必要がなかったのだと思う。

・ノートに太一の変容をまとめる際には，「一人前の漁師」「村一番の漁師」の言葉を必ず使うように指示する。

▶本時の板書◀

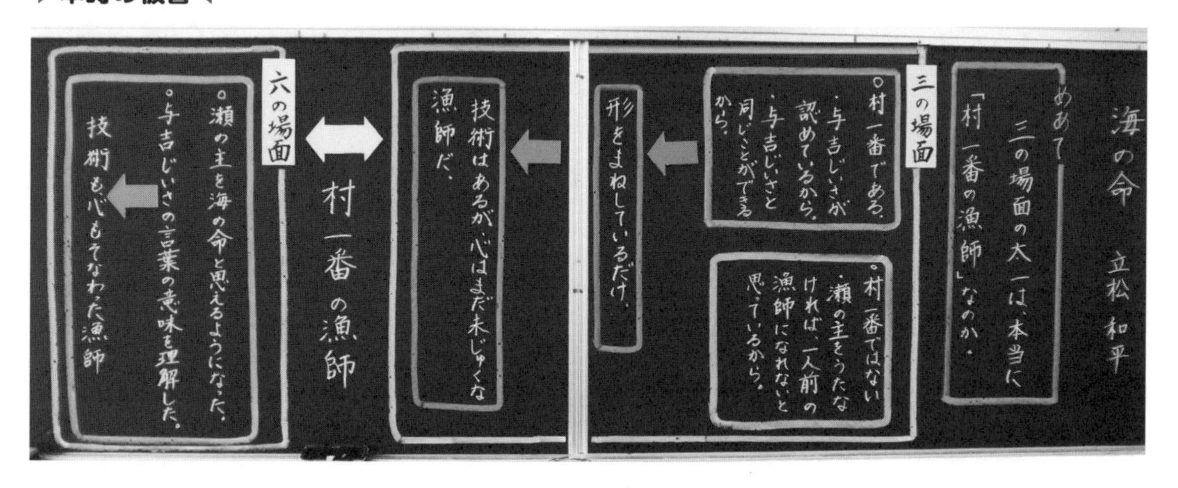

5 評価の「問い」の授業

▶授業のねらい◀

「海の命」と「山のいのち」の終わり方を比べ，どちらの終わり方が効果的かについて話し合う活動を通して，根拠を明確にしながら結びの表現方法の効果をまとめることができる。

全体をとらえる

◉ステージづくり

「海の命」と「山のいのち」は，どんな話か？

- 「海の命」も「山のいのち」も中心人物の成長がわかる話。
- 自然のめぐみを受けながら，人々が生活しているところなどは同じ。
- 成長の仕方や登場人物の設定などは違う。
- 物語の終わり方が全然違う。

ズレ・立ち止まりをつくる

◉本時の「問い」

どちらの終わり方が効果的か？

- 「海の命」の方が効果的だ。理由は，太一がその後も「海の生き物たちの命のつながり」を大切にし続けたことが想像できるから。
- 「海の命」の方が効果的だ。理由は，太一の子どものことが書いてあり，始まりの一文とつながっていて，子どもたちも太一に憧れ，漁師になったのではないかと想像できるから。
- 「山のいのち」の方が効果的だ。理由は，「その後，静一はどうなったのかな。」と気になり，続編や同じ作者の作品を読みたくなるから。
- 「山のいのち」の方が効果的だ。理由は，「この後，静一はとても元気な子になったのかな。」などと，想像したことを予想し合うと楽しいから。

指導のポイント

・表現方法に問いをもつことができるように，本作品の特徴を想起する活動を設定する。
・終わり方の特徴に気づき，自分の考えをつくることができるように，各文章の結びを提示する。

・結びの表現方法の効果をまとめることができるように，叙述と想像したことを矢印でつないだり，発言を種類ごとに色分けしたりして構造的に板書する。
・「海の生き物たちの命のつながりを大切にし続けたことが想像できるから」「静一のその後を予想し合うと楽しいから」など，さまざまな評価を引き出し，論点を形成する。

「ことばの仕組み」を見せる

◉思考の深化

終わり方によって，読後感にどんな違いがあったか？

- 「海のいのち」のように，中心人物の成長が最後まで書いてあると読み終わって，すっきりする。
- 「山のいのち」のように，最後をはっきりと書かない終わり方は，自由に想像できるところがよい。

・「海の命」と「山のいのち」の終わり方から自分や友達の読後感を比べ，結びの表現方法の効果をまとめるようにする。

思考をふり返る

◉まとめ・発展

「海の命」と「山のいのち」どちらの魅力を伝えたいか？

- ぼくは，「海の命」だ。太一の成長の様子を伝えたい。
- わたしは，「山のいのち」だ。静一とおじいちゃんの関係を伝えたい。

・ノートに自分の考えをまとめる際には，読む人へ伝えたいことを必ず書くように指示する。

▶本時の板書◀

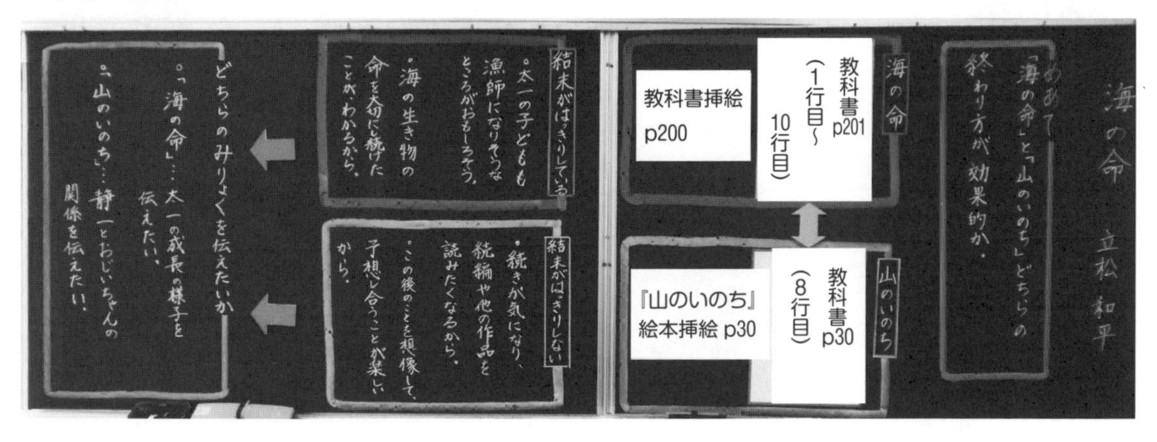

児童作品と指導のポイント

ブックトークカード

（第１学年「サラダでげんき」）

ブックトーク　カード

なまえ（

◇おともだちにくりかえしのあるたのしいおはなしをしょうかいしましょう。

☆本のなまえ

三びきのやぎのがらがらどん

☆出てくる人やどうぶつ

一ばんしたのおとうとやぎ。まんなかのやぎ。一ばんうえのおにいさんやぎ。トロル。

☆くりかえされていること

一ばんはじめに三びきのやぎがでてくるところ。三びきのあしおと。

☆しょうかいしたいおもしろさ

トロルからたべられないように、三びきでちからをあわせてやっつけるところ。三びきでじぶんのいえにかえるときのあしおと。

アドバイス

本は，ストーリーや人物の言動などが繰り返されているものを用意する。児童はその中から１冊を選び，繰り返されていることやおもしろさなどを友達に紹介する。本を実際に持ったり，挿絵を見せたりして紹介するとよい。

本の帯

（第２学年「スーホの白い馬」）

アドバイス

本の帯の表には，スーホの白い馬は悲しいか悲しくないか評価したことや，一番心に残ったことを一文で表現させ，裏には，心に残ったスーホの気持ちや場面を絵に表すようにする。背には，作品を表した一言を添えさせる。

オスススメ表彰台

（第３学年「モチモチの木」）

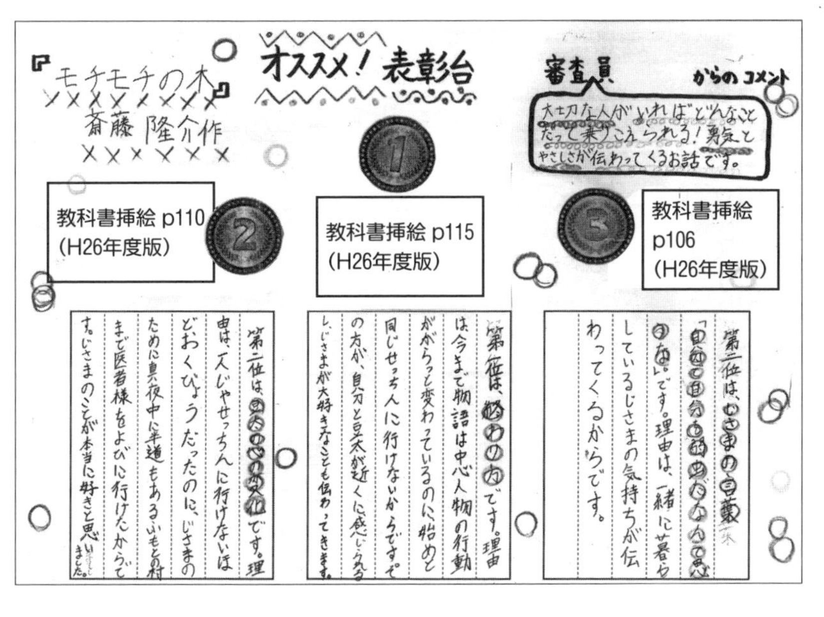

アドバイス

「第○位は，～です。理由は…からです。」という書き方を提示する。

コメントには，作品が読者に伝えてくること（主題）を自分の言葉で書くようにする。

台紙に切り込みを入れると立体的になり，表彰台の雰囲気がでる。

ごんへのお別れの手紙

（第４学年「ごんぎつね」）

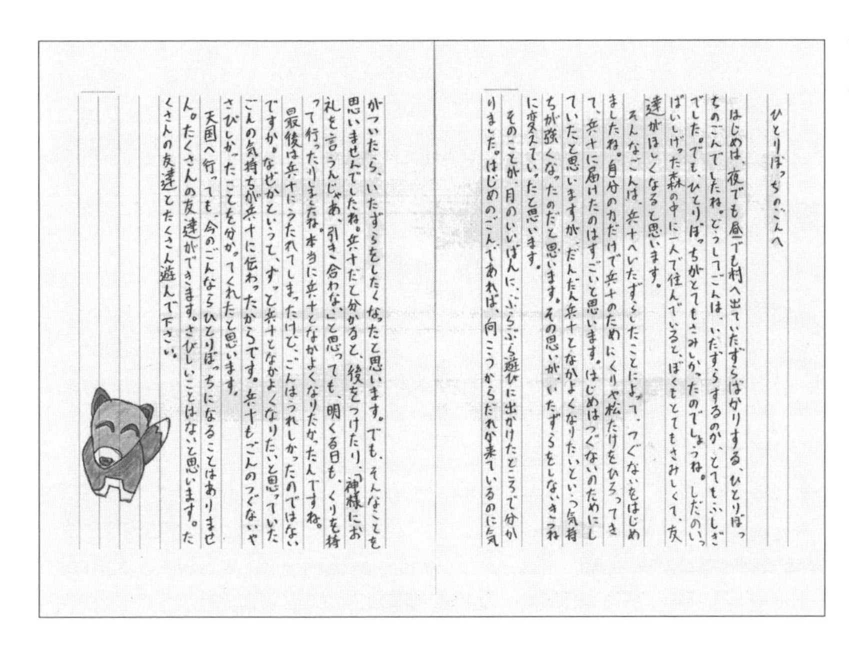

ひとりぼっちのごんへ

はじめは、夜でも昼でも村へ出ていたずらばかりする、ひとりぼっちのごんでしたね。どうしてごんは、いたずらするのか、とてもふしぎでした。でも、ひとりぼっちがとてもさみしかったのでしょうね。しだのいっぱいしげった森の中に一人で住んでいると、ぼくもとてもさみしくて、友達がほしくなると思います。

そんなごんは、兵十へいたずらしたことによって、つぐないをはじめましたね。自分の力だけで兵十のためにくりや松たけをひろってきて、兵十に届けたのはすごいと思います。はじめはつぐないのためにしていたと思いますが、だんだん兵十となかよくなりたいという気持ちが強くなったのだと思います。その思いが、いたずらをしないごんに変えていったと思います。

そのことが、月のいいばんに、ぶらぶら遊びに出かけたところで分かりました。はじめのごんであれば、向こうからだれか来ているのに気がついたら、いたずらをしたくなったと思います。でも、そんなことを思いませんでしたね。兵十だと分かると、後をつけたり、「神様にお礼を言うんじゃあ、引き合わない」と思っても、明くる日も、くりを持って行ったりしましたね。本当に兵十となかよくなりたかったんですね。

最後は兵十にうたれてしまったけど、ごんはうれしかったのではないですか。なぜかというと、ずっと兵十となかよくなりたいと思っていたごんの気持ちが兵十に伝わったからです。兵十もごんのつぐないやさびしかったことを分かってくれたと思います。

天国へ行っても、今のごんならひとりぼっちになることはありません。たくさんの友達ができます。さびしいことはないと思います。たくさんの友達とたくさん遊んで下さい。

アドバイス

ごんの変容を表現することができるように，手紙の書き出しの文と，最後の書き出しを条件づけする。物語のテーマ「ひとりぼっち」を柱に，場面ごとのごんの心情の変化を想起させ，最終的な読みを手紙文で表現させたい。

なぞ解きリーフレット

（第５学年「注文の多い料理店」）

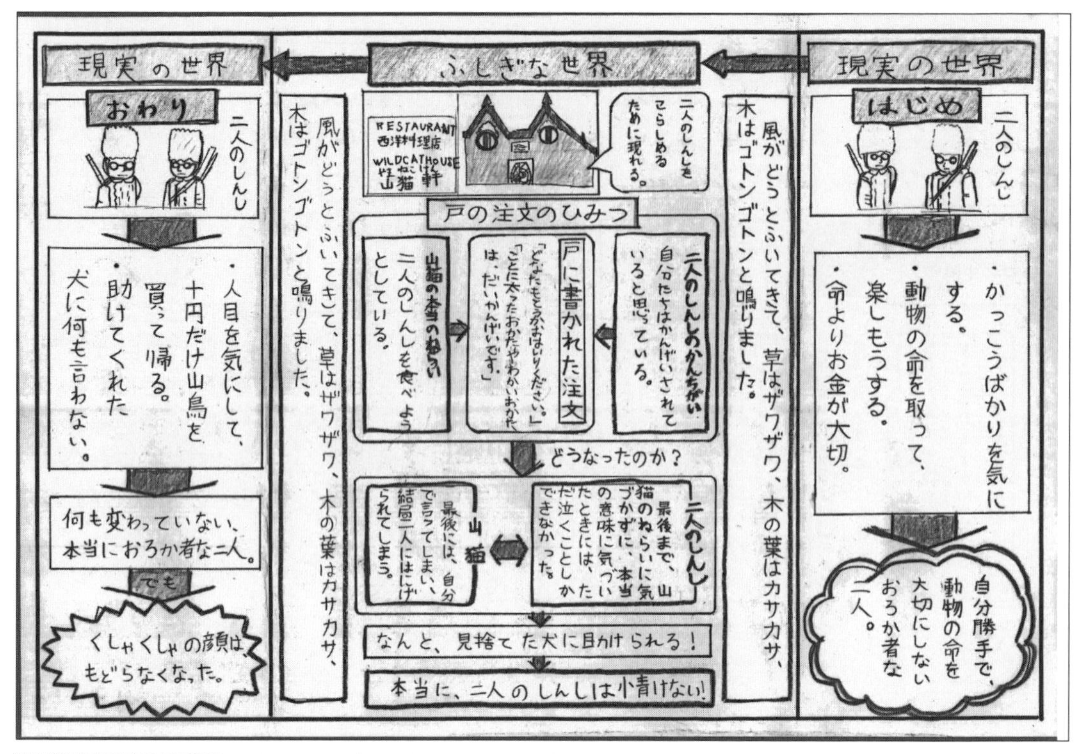

アドバイス

これまでに出てきたなぞを一覧にし，解説したいなぞを決定する。もちろん，それ以外でもよい。その上で，リーフレットの構成を考えたり，リーフレットの折り方を工夫したりすることで，作品の構造やおもしろさを再考させる。

ポップ

（第６学年「海の命」）

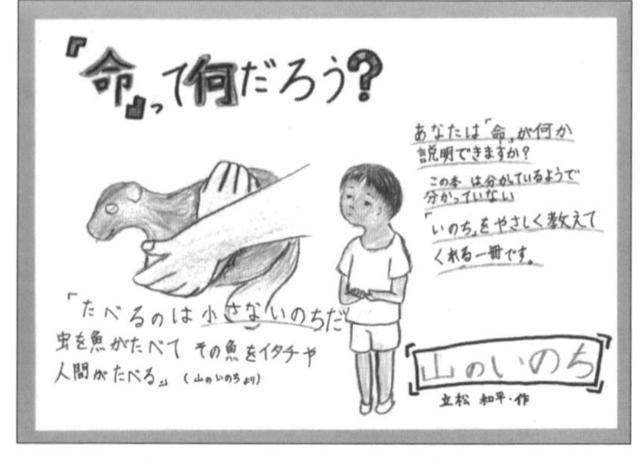

アドバイス

「思わず本を手に取りたくなるポップ」を課題に，相手意識を持って，作品の見所やメッセージを決定する。また，もっとも印象的な場面をイラスト化し，色使い，文字の大きさ，レイアウトなどを考え，ポップを完成させる。

説明文

「問い」のある言語活動の展開プラン

第1学年 好きな動物の赤ちゃんの紹介カードを作ろう

教材名 「どうぶつの赤ちゃん」(光村図書１年下)

1 教材特性

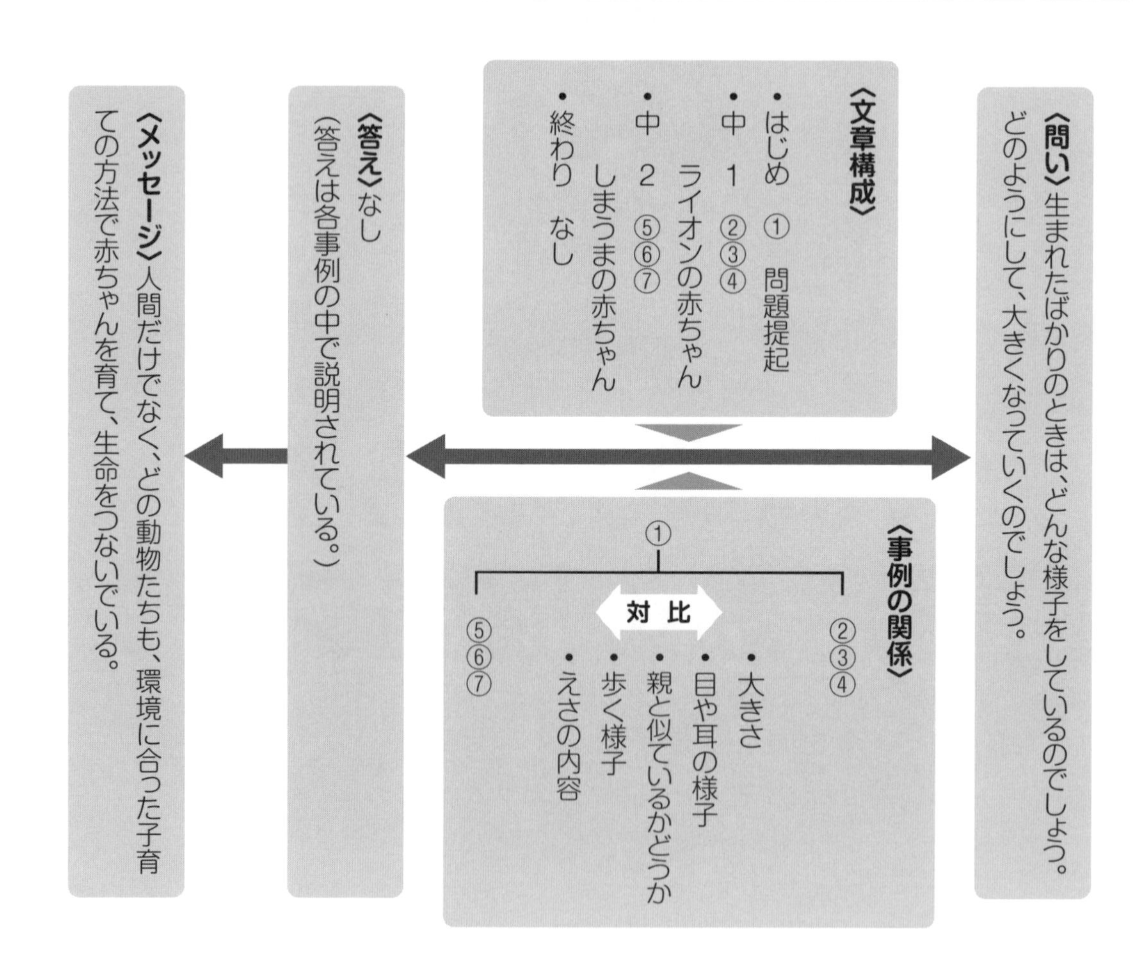

「どうぶつの赤ちゃん」は，成長の仕方に大きな違いがあるライオンとしまうまの赤ちゃんを例にあげ，対比的に説明するという構成になっている説明文である。この文章は，「生まれたばかりのときの様子」と「大きくなっていく様子」の２つの問いに沿って読み取っていくことができるようになっている。さらに，比較しながら読むことができるように，「生まれたばかりのときの様子」は，大きさ・目や耳の様子・親と似ているかどうか，「大きくなっていく

様子」は，歩く様子・えさの内容・えさのとり方の観点に沿って説明されている。また，筆者の述べ方の工夫の一つである接続表現や時間を表す表現など，説明の展開や時間の順序ごとの成長がわかりやすくなっている。

児童の認識の中にあるライオンとしまうまは，成長したときの様子である。しかし，赤ちゃんの時の様子は，それとは対照的である。また，ライオンとしまうまの成長の違いも歴然としている。これらの違いは，叙述と挿絵とを一つ一つ対応させることによって，さらに明確になってくる。イメージを膨らませながら読み深めていくことができるように，叙述に合った挿絵が掲載されている。

「どうぶつの赤ちゃん」を読む際に，児童は自分の成長を基準にして，「すごいな」「ここは同じだ」などと比較しながら感想をもつであろう。この説明文には，自分の経験と結びつけて，できるようになったことやできないことを比較しながら読み進めていくおもしろさもある。さらにカンガルーの赤ちゃんの文章での学習を通して，不思議なことがたくさん詰まった動物の世界に興味・関心が高まり，科学読み物を読むという読書の幅も広げることができる。

「ライオンとしまうまとカンガルーでは，どの動物の赤ちゃんがすごいか？」という問いによって，どの動物の赤ちゃんも，取り巻く環境に合わせて「生まれたばかりのときの様子」「大きくなっていく様子」を変化させながら生命をつないでいることの厳しさについて考え，筆者の意図に迫っていくことができる。

2　活動特性

紹介とは，知られていない物事を周囲に広く教え知らせる表現活動である。そのためにカードに紹介する内容を整理する。紹介カードには，簡潔に紹介したい内容を記入したり，内容を比較したりできるよさがある。また，学習を進めるにつれてカードを増やすという楽しみも味わうことができる。

「どうぶつの赤ちゃん」では，好きな動物の赤ちゃんの本を比較の観点に沿って読み取ったり，カードに大事な言葉を書き抜いたりする。交流時には，自分の紹介する動物の赤ちゃんと，友だちが紹介する動物の赤ちゃんの違いを比べたり，簡単な感想を書いたりすることも可能である。

低学年の説明文の指導の重点「文章の中の大事な言葉を書き抜く力」「文章の内容と自分の経験を結びつけて，感想を伝え合う力」を育成するのに適した言語活動である。以下，紹介カード作りの要件である。

- 自分の好きな動物の赤ちゃんの「生まれたばかりのときの様子」「大きくなっていく様子」について，観点に沿って１枚のカードに書き抜くこと
- 見つけたことや驚いたことを書くこと

3 「問い」のある単元づくり

言語活動の設定

動物の赤ちゃんの「生まれたばかりの様子」「大きくなっていく様子」を読み取り，それぞれの動物の赤ちゃんを比較する。自分の好きな動物の赤ちゃんを，これらの観点から紹介する言語活動を設定する。

〈単元を

好きな動物の赤ちゃんの様子を比べるためには，

本時の「問い」

❶ どの動物の赤ちゃんも「生まれたばかりの様子」「大きくなっていく様子」は同じか？【解釈】

❷ 動物の赤ちゃんの大きくなっていく様子には，どのような違いがあるか？【解釈】

食べるようになる速さが違うのは，なぜか？【解釈】

学習内容

文章構成 / 内容の比較 / 時間の

指導の

〈言語活動の設定〉	〈問い①〉	〈問い②〉	〈問い
・動物の赤ちゃんの様子を比較しながら読み，解釈を交流させる。筆者の述べ方の観点に沿って，自分の好きな動物の赤ちゃんについてカードにまとめ，紹介するようにする。	・「生まれたばかりの様子」「大きくなっていく様子」の観点で説明されていることを話し合い，動物によって赤ちゃんの様子に違いがあることの大体を読み取らせる。	・ライオンの赤ちゃんとしまうまの赤ちゃんの大きくなっていく様子を，比較の観点に沿って書き抜く。似ている所もあれば違う所もあることを読み取らせる。	・ライオンとしまうまんの「じさを食べる速さをれぞれのの違いをづけて考

貫く「問い」〉

どのようにカードにまとめて紹介すればよいか?

❸ライオンとしまうまの赤ちゃんが「じぶんで」えさを

比較

❹カンガルーの赤ちゃんの説明はわかりやすいか?

【評価】

述べ方の工夫

❺ライオンとしまうまとカンガルーでは、どの動物の赤ちゃんがすごいか?

【評価】

筆者の意図

表現・交流の観点

・筆者の述べ方の観点に沿って、カードの記入ができたか。
・自分の好きな動物の赤ちゃんを紹介し、他の動物の赤ちゃんと比較することができたか。

ポイント

③〉	〈問い④〉	〈問い⑤〉	〈表現・交流〉
の赤ちゃんまの赤ちゃぶんで」えるようにな比較し，そ成長の速さ環境と関連えさせる。	・「生まれたときは」「まもられて」「六か月ほどたつと」「じぶんで」などの言葉や文に着目して，観点に沿って比較しながら読むことができる述べ方の工夫に気づかせる。	・どの動物の赤ちゃんも，取り巻く環境に合わせて「生まれたばかりの様子」「大きくなっていく様子」を変化させ，生命をつないでいる厳しさについて考えさせる。	・自分の好きな動物の赤ちゃんを，「生まれたばかりの様子」「大きくなっていく様子」の観点から紹介させる。紹介することを通して筆者の意図に気づかせる。

4 解釈の「問い」の授業

▶授業のねらい◀

ライオンの赤ちゃんとしまうまの赤ちゃんの大きくなっていく様子を話し合うことを通して，その観点がそろっていることに気づき，ノートに説明のよさをまとめることができる。

全体をとらえる

◎ステージづくり

> ライオンの赤ちゃんとしまうまの赤ちゃんの
> 大きくなっていく様子はどのように説明されているか？

- 生まれたばかりのときの大きさです。
- 目や耳の様子です。
- お母さんに似ているか似ていないか。
- 歩くときのことです。
- お乳だけ飲む間のことです。
- 食べ物のことです。
- 自分でできるようになる速さも説明しています。

指導のポイント

- 違いに気づくことができるように，比較の観点を明確にする。

ズレ・立ち止まりをつくる

◎本時の「問い」

> ライオンの赤ちゃんとしまうまの赤ちゃんの
> 大きくなっていく様子に違いはあるか？

- 違いがあります。生まれたばかりのとき，ライオンは子ねこぐらいの大きさだけど，しまうまはやぎぐらいの大きさがあるからです。
- 違いがあります。ライオンは弱々しくてお母さんにあまり似ていないけど，しまうまはそっくりだからです。
- 全然違います。ライオンは自分では歩くことができないけれど，しまうまは生まれて30分も経たないうちに自分で立ち上がります。そして，次の日には走るようになるからです。
- 違いはあるけど，お乳を飲むことは同じです。

- ライオンの赤ちゃんとしまうまの赤ちゃんの大きくなっていく様子を観点に沿って読み取り，比較させる。
- 「どうぶつの赤ちゃん」という題名でまとめられているが，動物によって成長の仕方は様々であることや，親の姿からは想像できない様子であることなど，交流を通して理解させる。

「ことばの仕組み」を見せる

◉思考の深化

> 動物の赤ちゃんの「生まれたばかりのときの様子」
> 「大きくなっていく様子」が
> ばらばらに説明されていたらどうか?

- どの動物も「生まれたばかりのときの様子」「大きくなっていく様子」で説明されていると，比べやすかったけど，ばらばらに説明されていると比べにくい。
- 比べることがばらばらだと，比べることができない。だから，比べることを決めていた方がいい。
- 大きくなる順序に説明された方がわかりやすい。

・動物同士の比較がしやすいように，「生まれたばかりのときの様子」「大きくなっていく様子」の構成で説明されていることや，時系列で成長がわかるように説明されていることをまとめる。

思考をふり返る

◉まとめ・発展

> 動物の赤ちゃんを紹介するには，どんな準備が必要か?

- ライオンやしまうまの赤ちゃんの説明文のように，生まれたばかりのときの大きさや目や耳のなどの様子を調べます。
- 自分でできるようになる速さも説明します。

・動物の赤ちゃんの紹介をするには，比較の観点に沿って成長の様子を調べ，説明するとわかりやすいことに気づかせる。

▶本時の板書◀

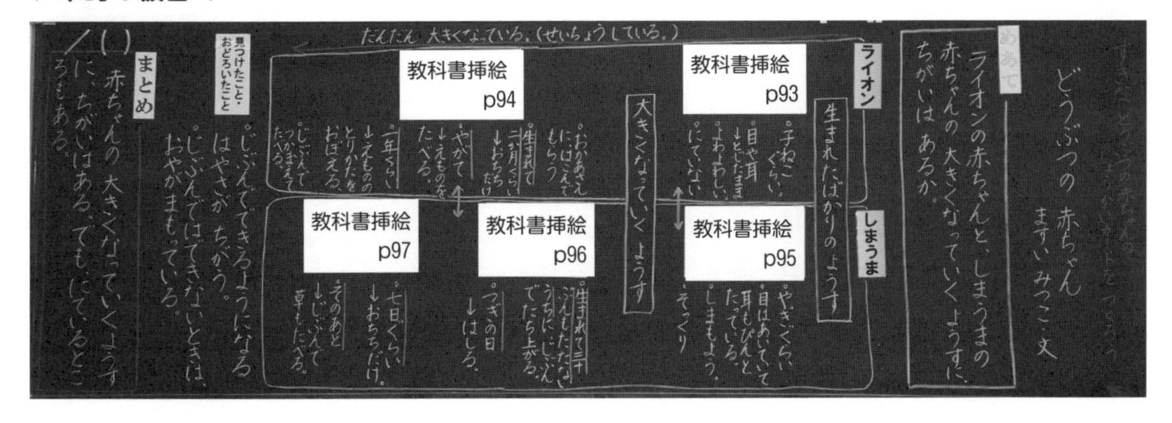

5 評価の「問い」の授業

▶授業のねらい◀

ライオンとしまうま，カンガルーの赤ちゃんの成長を比べることを通して，自然界を生きる厳しさに気づき，「どうぶつの赤ちゃん」に対する筆者の気持ちを表すことができる。

全体をとらえる

◉ステージづくり

「生まれたばかりのときの様子」
「大きくなっていく様子」は，どんな様子か？

- 生まれたばかりのときは，ライオンは子ねこぐらい，しまうまはやぎぐらい，カンガルーは１円玉ぐらいの大きさ。
- ライオンは自分で歩けない。しまうまは30分で立つ。カンガルーは生まれてすぐ自分で袋に入る。
- 自分でえさを食べるのは，ライオンは１年ぐらい，しまうまは１週間ぐらい，カンガルーは６ヶ月ほど。

ズレ・立ち止まりをつくる

◉本時の「問い」

ライオンとしまうまとカンガルーでは，
どの動物の赤ちゃんがすごいか？

- しまうまの赤ちゃんの方がすごいと思う。生まれて30分もたたないうちに自分で立ち上がるから。
- カンガルーの赤ちゃんは１円玉くらいの大きさでも，自分の力でおなかの袋に入るからすごい。
- ライオンの赤ちゃんは，１年ぐらいで獲物のとりかたを覚えて自分でつかまえて食べるようになるのですごいです。
- 大人のライオンはあんなに強いのに，赤ちゃんは弱々しくて違いがありすぎです。

指導のポイント

・前時までに学習したそれぞれの動物の赤ちゃんの「生まれたばかりのときの様子」「大きくなっていく様子」を想起することを通して，比較の観点を確認する。

・どの赤ちゃんがすごいのかを問うことで，それぞれの赤ちゃんの生命力に注目させる。それぞれの感じ方を出し合う中でどの赤ちゃんも，自分を取り巻く環境に合った成長をしていることに気づき，「どの赤ちゃんもすごい」という答えに導く。

「ことばの仕組み」を見せる

◉思考の深化

なぜますいみつこさんは，ライオンとしまうまの赤ちゃんを選んで説明したのか？

- 大きくなる速さが人間に似ているのはライオンで，しまうまはあまり人間に似ていないので，比べると違いがはっきりとわかるから。
- ライオンとしまうまは強いと弱いの関係だから。
- 自分でできるようになる速さが，全然違うから比べやすいしわかりやすい。

・「筆者はなぜライオンとしまうまの赤ちゃんを選んで動物の赤ちゃんを説明したのか？」と問い，成長の違いが大きいほど，読者にはわかりやすい説明になるという筆者の意図に気づかせる。

思考をふり返る

◉まとめ・発展

なぜ，題名を「どうぶつの赤ちゃん」にしたのか？

- 命をつなぐために，どの動物の赤ちゃんも工夫していることにびっくりしたから。
- 赤ちゃんでも，生きるためにたくましくなれることをわかりやすく知らせたかったから。
- 命をつなぐことは，大変なんだと言いたかった。
- だから私たちに，命を大切にしてねと伝えたかった。

・なぜ「どうぶつの赤ちゃん」という題名にしたかを交流することを通して，筆者の意図に気づかせる。

▶本時の板書◀

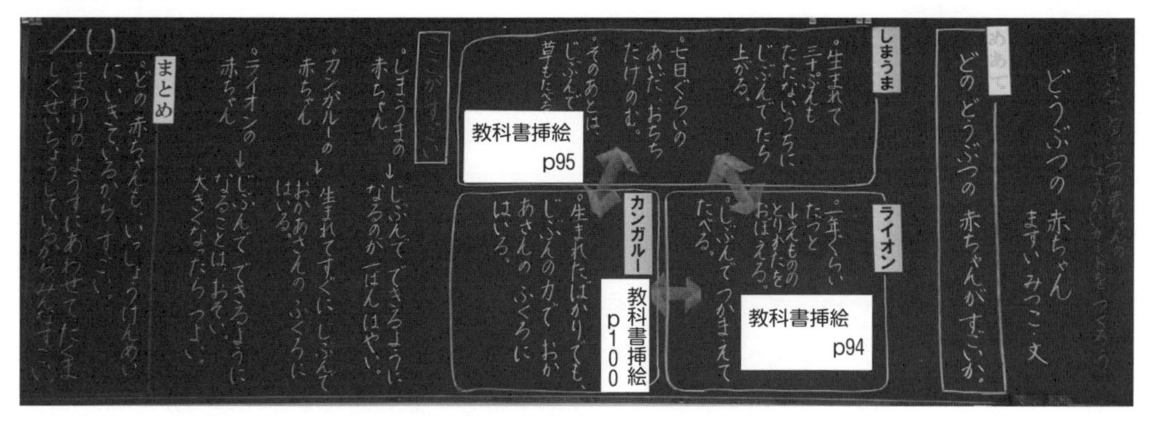

第2学年 ビーバーの巣作り説明書を作ろう

教材名 「ビーバーの大工事」(東京書籍２年下)

1 教材特性

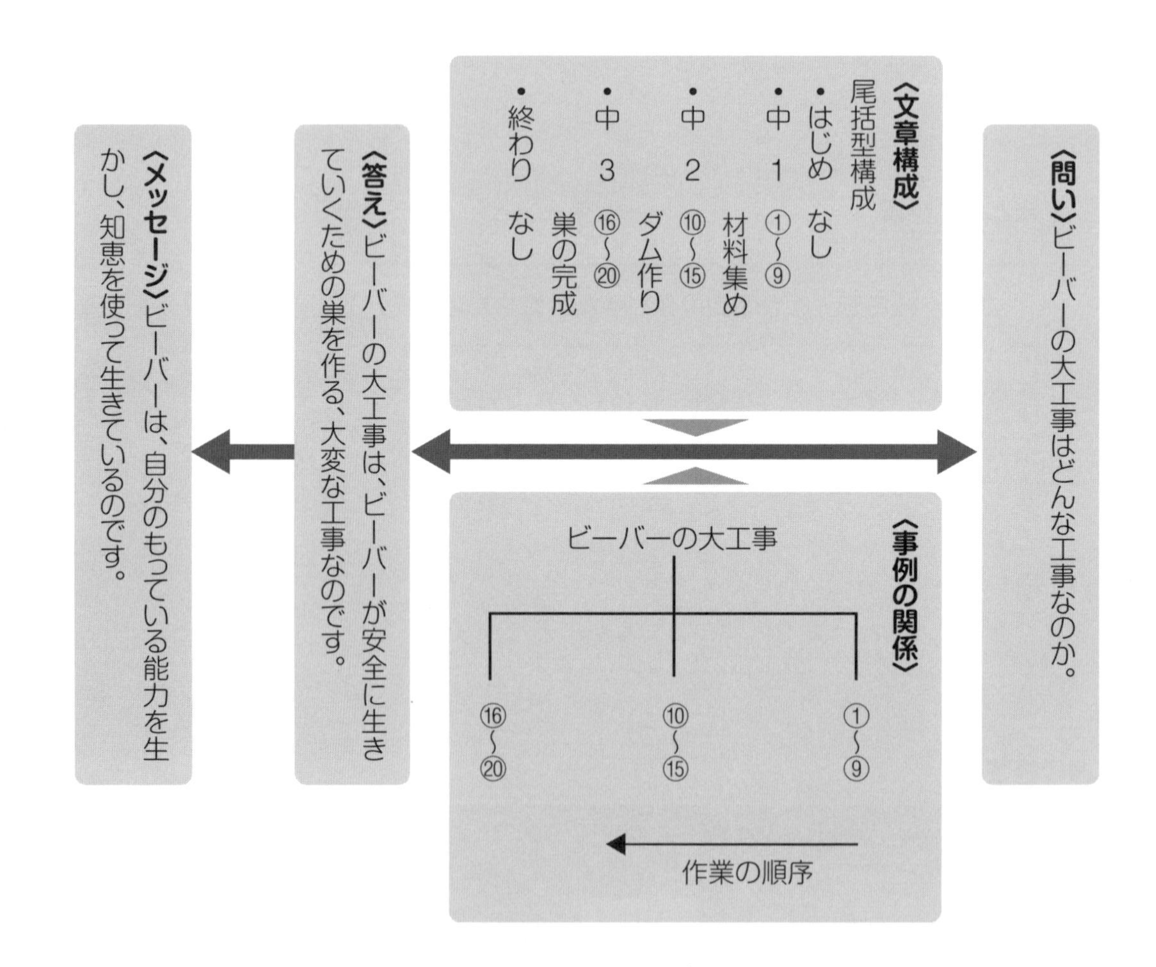

「ビーバーの大工事」は，ビーバーの巣作りについて順序よく書かれている説明文である。ビーバーは巣を作るために，大きく分けて３つの仕事をする。１つ目は，材料を集める仕事である。木の幹をかじって切り倒し，さらに短くかみ切ってダムや巣を作るための材料を集める。そして，材料をくわえたまま川へと材料を運んでいく。この材料集めの段階では，ビーバーの身体能力のすごさが表現されている。木を切り倒す歯を「まるで大工さんのつかうのみのよ

う」と表現したり，川を泳ぐための尾を「オールのような形」「上手にかじをとる」と表現したりしている。比喩の他にも，「ガリガリ」「ドシーン」という擬音語や「ぐいぐい」という擬態語も使われ，ビーバーのすごさを強調している。２つ目は，ダム作りの仕事である。ビーバーは，集めた材料を使ってダムを作るが，そこからはビーバーの知恵や努力を読み取ることができる。ダム作りに使う木，小枝，石をただ並べてダムにするのではなく，川に流されないように知恵を働かせ，順序よくダムを作っていく。そして，川をせきとめるダムは川岸からもう一方の川岸までつながっていないといけない。ダム作りの大変さは，「十五分間」「たかさ二メートル，長さ四百五十メートル」「夕方から夜中まで」という具体的な表現からも読み取ることができる。また，そこには，巨大なダムを作るビーバーの努力や家族の力がある。３つ目は，巣作りである。ダムの内側にできた湖の真ん中にビーバーは巣を作る。巣は，地上ではなく，水の中のこの場所でないといけない。ビーバーが自分の身を守るため，敵に襲われないようにするための知恵が隠されている。

ビーバーが巣を作るまでには，長い過程がある。その過程の中に，ビーバーの身体能力や知恵のすごさが隠れている。筆者自身もビーバーのすごさを，助詞の「も」を使うなどして表現しており，最も端的なのが題名「ビーバーの大工事」である。「工事」という人間が用いる言葉で表現され，文章中でもビーバーが擬人的に表現されているところがいくつもある。そして，「工事」ではなく，「大工事」である。「大工事」という言葉には，「ビーバーの巣作りは大変で，すごいことなのだ」という筆者の思いが表れている。そこに，「ビーバーの巣作りは，本当に大工事なのか？」という問いをもたせることで，ビーバーのすごいところを巣作りの仕事から探していくことができるであろう。この文章を読むことで，ビーバーが巣を作る仕事の順序や，比喩や擬人的表現等に書き表されたビーバーのすごさを読み取ることができる。

2 活動特性

説明書とは，あるものの作り方や使い方を読み手にわかりやすく伝えるものである。説明書には，取扱説明書のように図で表しながら作り方や使い方を表しているものもあるが，「ビーバーの大工事」で作る説明書は，ビーバーの巣の作り方を順序よく表現することと合わせて，ビーバーのすごさが表れているところをつけ加えていく。説明書は，①から順に番号がふってあり，事柄の順序が意識しやすい。また，作り方に必要なところだけが，短い言葉でまとめて書かれているためわかりやすい。低学年の指導の重点「順序を考えながら読む力」「文章の中の大事な言葉や文を書き抜く力」を育てるためには，適切な言語活動である。以下，説明書作りの要件である。

- 巣作りに必要な仕事だけを，順序よく書くこと
- ビーバーのすごいところを一言つけ加えること
- 巣の完成図を書くこと

3 「問い」のある単元づくり

言語活動の設定

「ビーバーの大工事」を読んで、ビーバーのすごいところはどこかを交流する。その後、教師自作の説明書と出会い、ビーバーの巣作り説明書を作るという言語活動を設定する。

〈単元を

ビーバーのすごさを伝えるには，どの

本時の「問い」

❶ 材料を集めるビーバーはすごいのか？
【解釈】

❷ 水の中にダムを作るビーバーはすごいのか？
【解釈】

【解釈】

学習内容

主語　文末表現　比喩

主語　文末表現　比喩

主語　文末

指導の

〈言語活動の設定〉	〈問い①〉	〈問い②〉	〈問い
・題名に使われている言葉を取り上げて，ビーバーのすごいところを交流し，ビーバーのすごさを伝えることができるような説明書を作るという意欲をもたせる。	・材料を集める段階でビーバーがしている仕事の中から，ビーバーのすごいところはどこか，具体的数値をもとにしたり，人間と比較したりしながら交流させる。	・ダムを作る段階でビーバーがしている仕事の中から，ビーバーのすごいところはどこか，叙述を根拠に動作化したり，絵に表したりして交流させる。	・巣を作るバーがしの中から，すごいとか，巣がど所に作ら絵に表しさせる。

貫　く「問い」〉

ように説明書に表現すればよいか?

表現・交流の観点
- 巣作りをする時に大事な言葉や文を読みとって順序よく作り方を書いているか。
- ビーバーのすごさを説明書にまとめることができているか。

❸ ダムの真ん中に巣を作るビーバーはすごいのか?
表現　比喩

❹ 巣を作る時にいらない仕事はないのか?
【解釈】
順序

❺ ビーバーの工事はふつうの工事か、大工事か?
【評価】
題名　筆者の考え　作品の主題

ポイント

③〉	〈問い④〉	〈問い⑤〉	〈表現・交流〉
段階でビーている仕事ビーバーのころはどこのような場れているかながら交流	・巣作りに必要でない仕事はないのかを考え，巣作りの順序を交流させる。そして，なぜ順序通りに巣を作らないといけないのか，順序を入れ替えて考えさせる。	・題名の意味を考える中で，ビーバーのすごいところを，ビーバーの身体能力，ビーバーの気持ち，ビーバーの知恵をもとに，巣作りの仕事と関係づけて明らかにする。	・ビーバーの巣の作り方を順序よく書き，ビーバーがすごいと思うところをつけ加えさせる。お互いに「ビーバーの巣作り説明書」を読み合い，相互評価する。

4 解釈の「問い」の授業

▶授業のねらい◀

「巣を作る時にいらない仕事はないのか？」を話し合うことを通して，巣作りの順序とそれぞれの仕事の必要性についてまとめることができる。

全体をとらえる

◉ステージづくり

ビーバーの巣を作るためには，どんな仕事があるのか？

- まず材料を集めるよ。
- 木を川の底にさしこむよ。
- 泥でしっかり固めるよ。
- 湖の真ん中に巣を作るよ。

ズレ・立ち止まりをつくる

◉本時の「問い」

巣を作る時にいらない仕事はないのか？

- 木の幹をかじる仕事がないと困るよ。だって，ダムを作るための材料がなくなるよ。
- 巣を作るための材料でもあるよ。
- 木の尖った方を川の底にさしこむ仕事がないとだめだと思うよ。だって，木をさしこんでなくて小枝を積み重ねたら，小枝が水に流されていってしまうと思うよ。
- 泥で固めていないと，川の水が強かったら，石が流されてしまって，小枝も流されてしまうかもしれないよ。
- ダムをしっかり作らないと湖はできないし，真ん中に巣を作ることもできないね。
- 全部の仕事がつながってるね。順番を変えることも無理みたいだよ。
- いらない仕事はないよ。全部の仕事を順番通りにしないと巣はできないね。

指導のポイント

・ビーバーが巣を作るために行う仕事にはどのようなものがあったかふり返った後，仕事の中にはいらない仕事はないのか問うことで，ズレを引き出す。

・いらない仕事はないのか，それぞれの仕事を吟味させる。その際，ある仕事をいれた場合といれなかった場合を比較させ，それぞれの仕事が巣作りにとってどれも必要な仕事であることに気づかせる。また，それぞれの仕事がないと順序よく仕事を進めることができないということも，交流させる。

「ことばの仕組み」を見せる

◉思考の深化

「木」「石」「泥」の順序を入れ替えたらだめなのか？

- 「木」「石」「泥」の順序を入れ替えたらだめだと思うよ。だって，石は木を押さえるために置いているんだから，反対になったら意味がないよ。
- 泥も石をしっかりと固めるためにすることだから順序が替わったらだめだよ。

・それぞれの仕事が必要であることを話し合った後で，仕事の順序を入れ替えたらだめなのか，入れ替えたものと入れ替えていないものを比較しながら考えさせる。そして，どんな巣を作るために行っているのか気づかせる。

思考をふり返る

◉まとめ・発展

巣を作る時，ビーバーはかしこかったか？

- ビーバーは，敵に襲われないような立派な巣を作るために順序よく仕事をしていてかしこかったよ。
- ビーバーはすごくかしこいと思う。どうやったら立派な巣ができるかをちゃんとわかって作ってるから。

・ノートに，ビーバーの巣作りの順序に着目して，どんなところがかしこいのかまとめさせる。

▶本時の板書◀

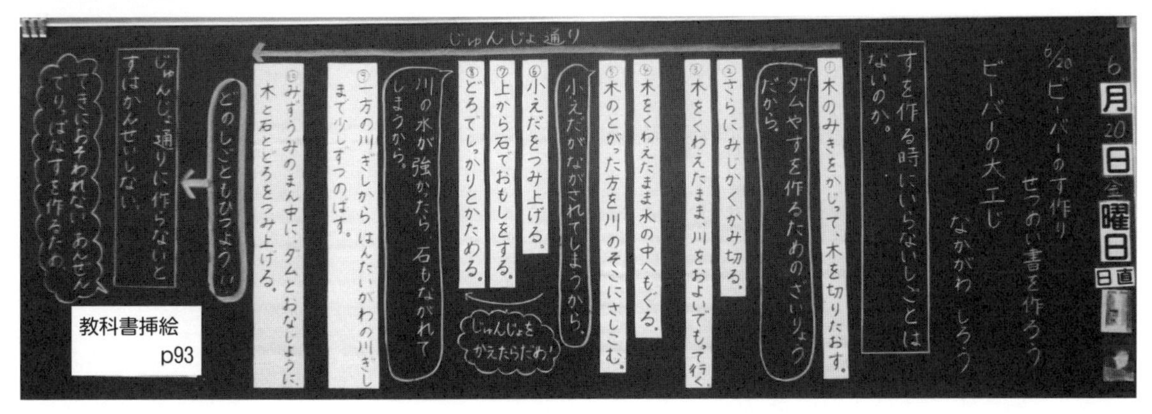

5 評価の「問い」の授業

▶授業のねらい◀

「ビーバーの工事は本当に大工事といえるのか？」を話し合うことを通して，題名と関係づけて筆者の考えを読みとり，ビーバーのすごいところをまとめることができる。

全体をとらえる

◉ステージづくり

ビーバーはどんな工事をするのか？

- ビーバーは木を切り倒して，巣を作るための材料を集めるよ。
- 小枝や石や泥を積み上げてダムを作ったり，巣を作ったりするよ。

ズレ・立ち止まりをつくる

◉本時の「問い」

ビーバーの工事はふつうの工事か，大工事か？

- ビーバーが自分の巣を作るのは当たり前のことだよ。だから，ふつうの工事だと思うな。
- ふつうの工事ではなくて大工事だと思うよ。だって，ポプラや柳のような大きな木を歯で切り倒すから大工事だよ。
- 他にもあるよ。川を止めてダムを作るのはとても大変なことだと思うよ。大きなダムは，高さ２メートル，長さ450メートルもあるんだよ。
- ビーバーが，家族総出で夕方から夜中までずっと仕事を続けることも，大工事だと思うよ。ぼくたちが寝ている間も，寝ないで起きてずっと仕事をするなんてすごいね。
- ビーバーにとっては，ふつうの工事？　でも，ぼくたちから見るとビーバーの工事はすごい工事だと思う。

指導のポイント

・どのような工事が書いてあったかを確認し，「ビーバーの大工事」という題名に着目させて，ビーバーの巣作りは本当に大工事といえるのかを問う。

・ビーバーが巣を作ること（工事）はふつうのことなのに，本当に大工事といえるのか，これまで学習してきた巣作りの仕事内容と関係づけながら考えさせる。そして，ビーバーの巣作りにおけるすごいところについて，人間と比較させたり，具体的な数値をイメージさせたりしながら交流させていく。

「ことばの仕組み」を見せる

◉思考の深化

ビーバーが，巣作りのことを大工事だと言っているのか？

- ビーバーが自分で巣作りのことを「大工事」だと言うわけないよ。
- 筆者の中川さんが，ビーバーの巣作りがすごいからビーバーの大工事と言っている。
- 「も」（例：教科書42ページ，４行目）という言葉も，ビーバーがすごいということを筆者は表しているね。

・題名にもどり，ビーバーではなく，筆者がビーバーの巣作りをすごいといっていることをとらえさせる。その際，助詞の「も」に着目し，筆者の考えと結びつけてとらえさせていく。

思考をふり返る

◉まとめ・発展

筆者が「ビーバーの大工事」と思った
ビーバーの１番すごいところはどこなのか？

- ビーバーの１番すごいところは，ダムで川をせき止めることです。理由は，人間でも川の水を止めるのは大変なのに，ビーバーはダムを作って止めるからです。

・「ビーバーの大工事」だと思えるようなビーバーの１番すごいところをノートにまとめさせる。その際，理由も一緒に書かせる。

▶本時の板書◀

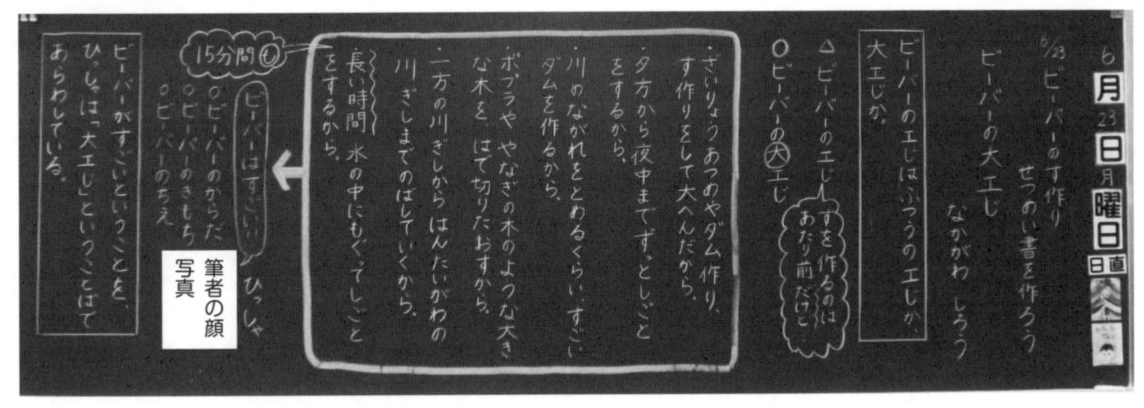

第3学年 絵文字の解説書を作ろう

教材名 「くらしと絵文字」（教育出版３年下）

1 教材特性

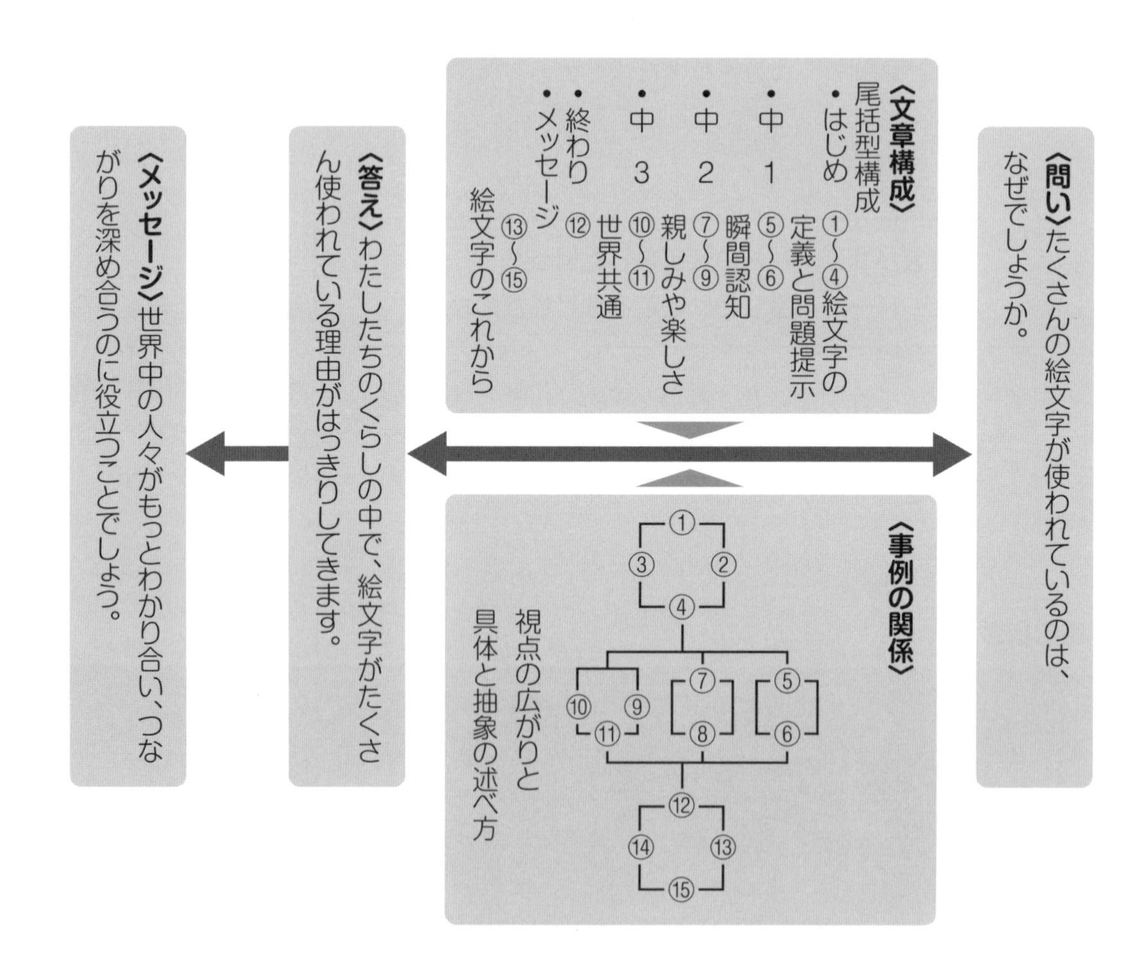

「くらしと絵文字」は，くらしの中の「絵文字」を取り上げ，日本のくらしの中で「絵文字」のよさがどのように生かされているかを，絵文字デザイナーの太田幸夫さんが３つの特長を挙げながら説明した文章である。４段落に「このように，たくさんの絵文字が使われているのは，なぜでしょうか。」という問いはあるが，12段落に「絵文字の特長をこのように考えてくると，わたしたちのくらしの中で，絵文字がたくさん使われている理由がはっきりしてきま

す」のように述べられており，問いに合うはっきりした答えは書かれていない。13段落以降には，筆者の主張として，絵文字は世界中の様々な場面で大切な役割を果たしたり，くらしを便利で楽しく，安全に，そして，世界中の人々が繋がるツールとしての役割も果たしたりするということが書かれている。

さてここで着目したいのが，５～11段落の書きぶりである。５～６段落の書きぶりを紹介したい。５段落：「絵文字の第一の特長は，その絵を見たしゅんかんに，その意味がわかることです。」６段落：「（ウ）の絵文字は，テレビなどの天気予報で，よく見るものです。わたしたちは，これを見たしゅんかんに，それぞれの地方の天気予報を知ることができます。（エ）の絵文字は，こわれやすい品物を送るはこにはってあるものです。『こわれやすい物なので，とりあつかいに注意してください。』という意味がわかりますね。」と書いてある。ここには，抽象と具体を上手く組み合わせた述べ方の工夫が見られる。「この説明文の書き方はわかりやすいのか。」「わかりやすいとすればどこがわかりやすいのか。」という発問に加えて，「具体的に書いた後に抽象的に説明してはいけないか。」というゆさぶりも有効になるだろう。

同じように，７～９段落，10～11段落も抽象と具体を用いて述べられているので，この書きぶりをおさえていかなければならないだろう。

12段落には絵文字の３つの長所を事例を挙げて説明することで言える筆者の意見が述べられているが，たくさんの絵文字が使われているはっきりとした理由は述べられていない。

最後に，13～15段落には，絵文字のこれから果たす大切な役割について述べられており，その中でも，外国に目を向けて，世界中の様々な場面で必要とされる絵文字やその絵文字の働きをよりよいものにするために共通のデザインを使おうという，国際協力の動きも進んでいるという論理的な述べ方にも注目したい。「絵文字は，わたしたちのくらしをべんりで楽しく，安全にしてくれます。そればかりか，世界中の人々がもっとわかり合い，つながりを深め合うのにも役立つことでしょう。」という筆者の主張を事実と意見の違いに着目してとらえさせたい。

2　活動特性

解説書とは，説明書や手引き書とも呼ばれることもある，物事の内容・背景・影響などをわかりやすいように説明した表現物である。何を伝えるかによっても，解説書の作り方は様々だが，「くらしと絵文字」でイメージしたのは，絵文字とそれの色や形，使われ方を詳しく説明した文章の解説書である。絵文字と文章で作り上げる解説書は，見る人に絵文字で瞬間的に情報を伝え，文章で絵文字の意味を細かく説明するよさがある。解説書は絵や図，言葉を制限なく使って作られるので，絵文字を絵と文章で説明するのに，うってつけの表現物である。以下，解説書作りの要件である。

- 選んだ絵文字に合う特長を３つの特長の中から選択すること
- 絵文字の色や形，使われ方に注目して，抽象と具体を用いて説明すること

3 「問い」のある単元づくり

言語活動の設定

絵文字クイズをして、感想を交流する。その後、教師自作の「絵文字の解説書」と出会い、解説書を書く言語活動の設定を行う。

〈単元を

わかりやすく絵文字を伝えるために，ど

本時の「問い」

❶ 絵文字がたくさん使われている理由は何か？ 【解釈】

❷ 筆者が最も説明したいのは、昔と今とこれからの絵文字の中でどれか？ 【解釈】

で説明したのか？ 【解釈】

学習内容

説明の確認 | 筆者の述べ方の工夫 | 筆者の述べ

指導の

〈言語活動の設定〉	〈問い①〉	〈問い②〉	〈問い
・初めに「絵文字クイズ」を行い，絵文字の色や形，意味について考える。その後，教師のモデル絵文字解説書を見せることで，自分達も作りたいという意欲を高めるようにする。	・12段落の「このように考えてくると」という叙述を手がかりにして，12段落よりも前の段落の叙述や絵文字の３つの特長をもとにして絵文字がたくさん使われている理由を考えさせる。	・問いと答えの構造をとらえ，昔と今とこれからの３つのまとまりの順序性に気づくことができるように，筆者が最も伝えたい絵文字はいつの絵文字かを話し合わせる。	・筆者の3つ方をとら体を用いたづくことがに，具体だ体と抽象の文章と比べ合わせる。

貫　く　「問い」　〉

のように絵文字を説明するとよいか?

表現・交流の観点

次の２つの観点から相互評価を進める。
・伝えたい絵文字の特長にあった絵文字を選択することができたか。
・具体と抽象を考えながら解説することができているか。

❸どうして筆者は絵文字の特長をまとめとくわしく

方の工夫

❹オの絵文字から親しみを感じるか?
【解釈】

説明の妥当性
人物設定の意図

❺３つの絵文字の特長のうち、どれが一番わかりやすいか?
【評価】

自分の考えの明確化

ポイント

③〉	〈問い④〉	〈問い⑤〉	〈表現・交流〉
の特長の述べえ，抽象と具表現方法に気できるようけの説明や具順に説明したて違いを話し	・筆者の事例の挙げ方をとらえ，説明の妥当性を考えさせるために，絵文字の色や形，絵文字が置かれている場所に着目させ，筆者の説明が妥当性があるのかを検討するようにする。	・筆者の絵文字の特長の述べ方と事例の挙げ方を比較・評価させるために，３つの特長のうち，どれが自分にとって一番わかりやすい特長かを話し合う活動を設定する。	・作った解説書がわかりやすく絵文字を伝える物になっているかを絵文字の選択と抽象や具体の述べ方の２つの観点から相互評価させ，「わかりやすい解説書」について話し合わせる。

4 解釈の「問い」の授業

▶授業のねらい◀

絵文字がたくさん使われている理由は何かという問いを話し合う活動を通して，まとまりの順序性をもとに，筆者の考えと事例との関係性をとらえることができる。

全体をとらえる

◉ステージづくり

問いと答えは何か？

- 問いは，「たくさんの絵文字が使われているのは，なぜでしょうか。」です。
- 答えは，「わたしたちのくらしの中で，絵文字がたくさん使われている理由がはっきりしてきます。」だね。
- どんな理由がはっきりしてきたんだろう。

ズレ・立ち止まりをつくる

◉本時の「問い」

絵文字がたくさん使われている理由は何か？

- 私も信号の絵文字をよく見るし，わかりやすいよ。
- 絵文字は昔から使われているんだよね。
- 時代をこえて多くの人々のくらしに役立ってきたんだよね。
- 現在もたくさんの絵文字が使われているんだね。
- 道路や駅・空港など大勢の人が集まる場所や衣類の取り扱い方にも使われているね。
- 見た瞬間に，その意味がわかるよ。
- 伝える相手に親しみや楽しさを感じさせるよ。
- 意味が言葉や年令などの違いをこえてわかるよ。
- 煙の中でも見えるんだもんね。
- 絵文字は，いろいろなよいところがあるから使われているんだよね。
- 私も知っている絵文字を見てるよ。

指導のポイント

- 文末の「か」という言葉に注目させて，問いを見つけさせる。
- 「このように」という言葉を手がかりに答えを見つけさせる。
- 答えにある「理由」とは何かを明らかにするために12段落の「このように考えてくると」という叙述を手がかりにして，12段落よりも前の段落の叙述や絵文字の３つの特長をもとにして絵文字がたくさん使われている理由を考えさせる。
- 絵文字のよいところに気づかせるために，絵文字の特長を取り上げ，板書する。

「ことばの仕組み」を見せる

◉思考の深化

> 私たちは，絵文字がないと生活できないか？
> 文字で書けば意味はわかるのではないか？

- 生活できないことはないけど，横断歩道をわたる時に，とても大変だと思う。
- 知っている絵文字はよく見るから，わたしは，あった方がいいと思うな。
- 文字で書かれていれば意味はわかると思うけれど見た瞬間にわかったり，親しみや楽しさも感じたりしないと思う。

- 絵文字のよさに気づかせるために，絵文字がない場合や文字で説明した場合と絵文字で説明した場合とを比較させ話し合うようにする。
- 本時の問いとまとめがつながるように，児童の意見を絵文字がたくさん使われている理由と結びつけて板書する。

思考をふり返る

◉まとめ・発展

> 「くらし」と「絵文字」という言葉を使って
> まとめるとどうなるか？

- 絵文字は，時代をこえて多くの人々のくらしに役立ってきた大切な文字です。
- わたしたちのくらしは絵文字によって楽しく便利になっています。

- 条件をつけて，まとめさせる。

▶本時の板書◀

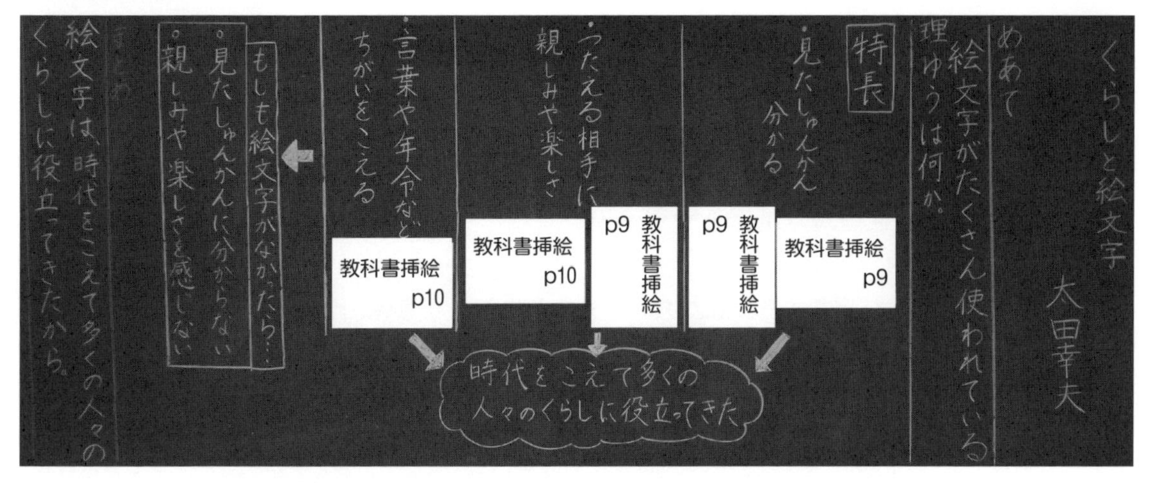

5 評価の「問い」の授業

▶授業のねらい◀

３つの絵文字の事例のうち，どれが一番わかりやすいかを考える活動を通して，段落相互の関係を読み，筆者の説明の事例の挙げ方のよさに気づくことができるようにする。

全体をとらえる

◎ステージづくり

> 絵文字の意味はいつでも，
> どこに置いてあっても変わらないか？

- オの絵文字がトイレにあったら親しみは感じないと思う。
- オの絵文字からは「親しみ」よりも「悲しみ」を強く感じたよ。
- 絵文字を見る人を意識して絵文字に言葉をつけ加えてあげるとわかりやすいと思う。

ズレ・立ち止まりをつくる

◎本時の「問い」

> ３つの絵文字の事例のうち，どれが一番わかりやすいか？

- 天気予報は見た瞬間にわかるね。
- 割れたグラスは赤色なので，危険を感じるね。
- オの絵文字は子どもが泣いていることはわかるけれど，迷子とはわからない。
- 動物の足あとを見ているだけで楽しさを感じる。
- キの絵文字はわたしも見たことがあるよ。非常口につけてあったよ。
- キの絵文字は国際会議でも一番よいとされたから，外国の人々にも伝わると思う。
- キの絵文字は，幼い子どもたちは，「走る」という意味だと間違いそうだな。
- 絵文字は意味がわからないと使えないよね。

指導のポイント

- 前時のオの絵文字は親しみを感じさせるかを考える活動を通して気づいた絵文字の構成要素や置く場所によって意味や感じ方が変わる絵文字のおもしろさを思い出させる。

- 児童が自分の意見を書きやすいようにモデルを提示しモデルにそって自分の意見を書かせる。
- 第１から第３の事例を分けて板書することで，それぞれの特長のわかりやすさを視覚的にとらえさせたり，自分の身近にある特長は何かについても話し合ったりして考えさせる。

「ことばの仕組み」を見せる

思考の深化

> ３つの事例は，それぞれいくつの特長をいくつの例でわかりやすく説明しているか？

- 第１の事例は１つの特長を２つの例で説明している。ウもエもわかりやすい。
- 第２の事例は２つの特長を２つの例で説明している。オは迷子だとわからないがカはわかりやすい。
- 第３の事例は２つの特長を１つの例で説明している。キは外国の人々にはわかりやすいが，幼い子どもたちにはよくわからない。

・筆者の述べ方を評価する根拠として，それぞれの特長の中身と事例の「数」に注目させ，筆者の述べ方を評価させる。
・事例の挙げ方のわかりやすさからも評価させる。

思考をふり返る

まとめ・発展

> あなたは，どれがわかりやすいか？

- わたしは，第１の特長が一番わかりやすいと思います。そのわけは，１つの特長を２つの例で説明していて，なるほどと思うからです。

・まとめの段階では，自分の考えが深まるように，友達の考えと自分の考えを比べさせ，考えが変わったかをふり返らせる。

▶本時の板書◀

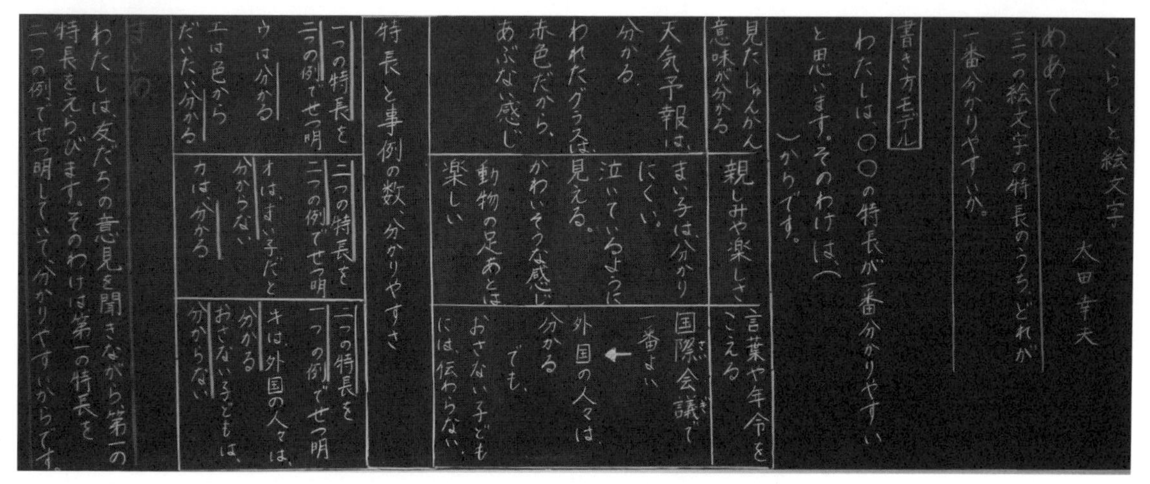

第4学年

読んで作ろう！生き物Q＆Aリーフレット

教材名「ヤドカリとイソギンチャク」（東京書籍４年上）

1 教材特性

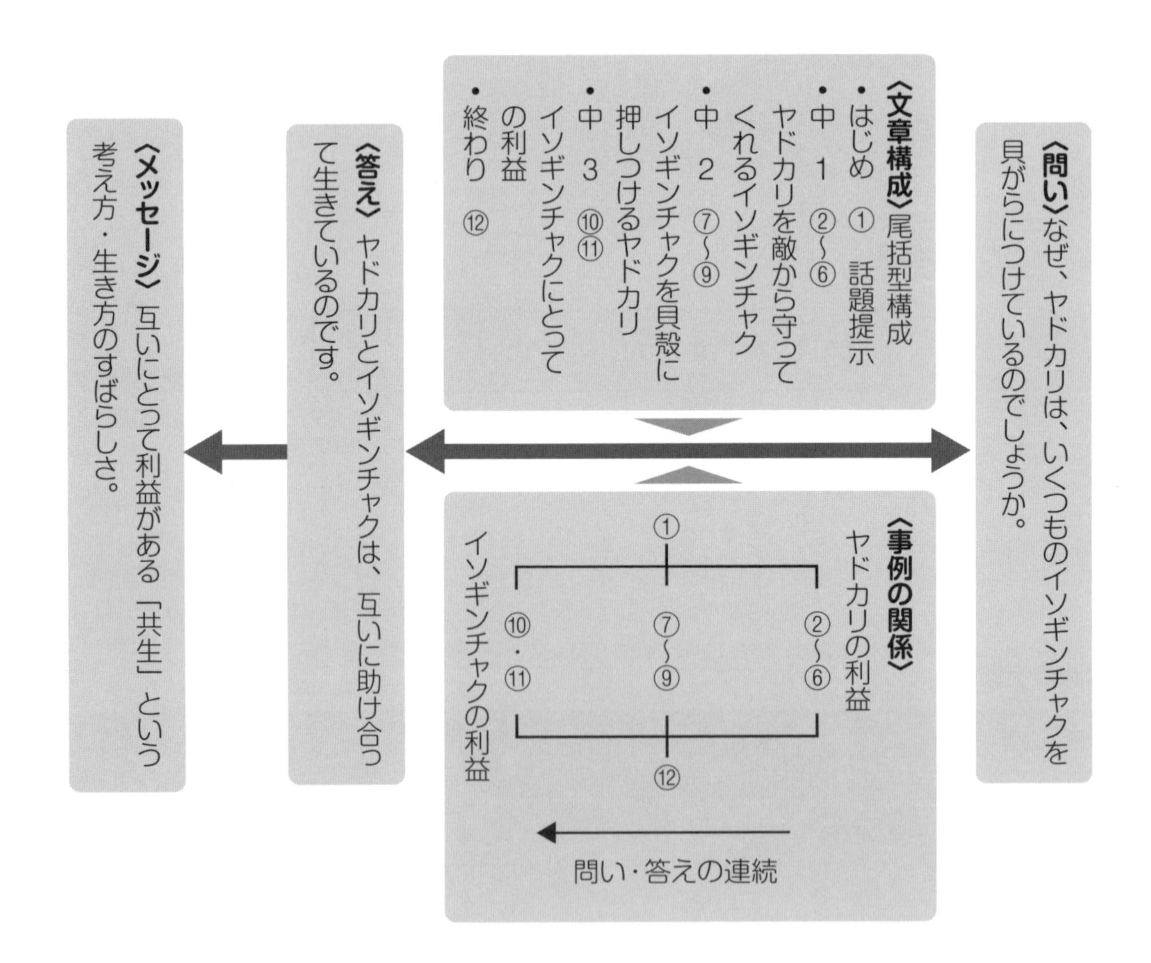

「ヤドカリとイソギンチャク」は，実験や観察を通して，ヤドカリとイソギンチャクの「共生関係」について説明した文章である。全12段落の尾括型，問い－実験・観察－結論という構成で，挿絵や写真が効果的に配置され，内容もとらえやすい。

はじめの１段落では，話題提示から始まる。次に，２から６段落は，「なぜ，ヤドカリは，いくつものイソギンチャクを貝がらにつけているのでしょうか。」という問いから始まり，その問いの解決のための実験の説明がされている。７から９段落は,「ヤドカリは，石についたイソギンチャクを，どうやって自分の貝がらにうつすのでしょうか。」という問いから始まり，観察によってその問いを説き明かしている。さらに，10・11段落は,「イソギンチャクは，ヤドカリの貝がらにつくことで，何か利益があるのでしょうか。」という問いから始まり，ヤドカリについていないイソギンチャクとの比較によって，その問いを解き明かしている。終わりの12段落は,「共生関係」を示す言葉で締めくくっている。

いくつものイソギンチャクを自分の貝殻に付けているヤドカリ。この写真を見るだけでも,「どうしてこんなにイソギンチャクがついているのかな。」「もしかするとヤドカリはイソギンチャクに食べられているのかな。」などのつぶやきが聞こえてきそうである。子どもたちにとって，ヤドカリとイソギンチャクの共生関係は未知の世界。自然界の中で互いに助け合って生きていることを知り，その不思議さに知的好奇心が刺激されることだろう。

問いと答えの繰り返しによって，読者である子どもたちのなぞを説き明かしていく構成は,新聞づくり，４コマ漫画など様々な表現活動への可能性を秘めている。また，なぞを説き明かす過程で，ヤドカリにイソギンチャクがついている場合とついていない場合を比較した説明は,「比較」という思考方法に着眼した活動が想定される。ところで，共生がテーマなのであれば,一方の利益ともう一方の利益の説明で十分なはずである。「『ヤドカリは，イソギンチャクをどうやって自分の貝がらにうつすのか。』という問いの解決の説明は必要か。」という疑問も生じる。そこで目を向けたいのが「ヤドカリが，イソギンチャクのはりでさされることはないのでしょうか。」という問いとその答えである。筆者は，それぞれの利益の説明の間に,「貝殻におしつけられるときに，イソギンチャクは気持ちよさそうで，はりもとびださない。」という説明を挟むことによって，イソギンチャクの利益へと効果的につなごうとしたのだろう。このような筆者の述べ方の工夫に目を向け，段落相互の関係をとらえたい。

2　活動特性

リーフレットとは，宣伝・案内・説明などのためにまとめた，一枚刷りの印刷物である。一枚刷りという点から，絵や図を用いて，短い文章，キーワード等で端的に表すというよさを備えている。自然界に秘められた様々ななぞ，不思議をＱ＆Ａ形式で説明する上で適した表現物である。一枚刷りという制限の中で，その不思議さや関係を表すには，まとまり，つながりを検討する必要がある。中学年の説明文指導の重点「段落相互の関係をとらえる力」を育てるためにも，ふさわしい言語活動である。以下，リーフレット作りの要件である。

- 生き物のなぞを一枚のリーフレット上で表すこと
- なぞ（問い）とその答えをＱ＆Ａ形式で表すこと
- 生き物同士の関係を配置，大きさ，矢印等で表すこと
- 最後のまとめとして，生き物の不思議さ，生き物同士の関係等を一文で表すこと

3 「問い」のある単元づくり

言語活動の設定

「ヤドカリとイソギンチャク」を読み、感想を交流させる。その後、教師自作の未完成の「生き物Q&Aリーフレット」と出会わせ、リーフレットを作る言語活動を設定する。

〈単元を

生き物のなぞ, 不思議さを伝えるには, どの

本時の「問い」

❶「ヤドカリとイソギンチャク」の主人公はヤドカリとイソギンチャクのどちらか？
【解釈】

❷3つの「問い→答え」の中で、最も大切な「問い→答え」はどれか？
【解釈】

な関係か？
【解釈】

学習内容

関係把握

意味段落
順序性の意図

段落相互

指導の

〈言語活動の設定〉	〈問い①〉	〈問い②〉	〈問い
・リーフレットをあえて未完成な状態で提示することで，リーフレット作りのルール等をともにつくっていくという活動に対する意欲を高めるようにする。	・筆者がどちらを中心として述べているかに目を向けることができるように,「主人公」という言葉を用いて関係を表現する。	・「問い→答え」の構造をとらえ，3つのまとまりの順序性に気づくことができるよう，筆者が最も伝えたいまとまりはどれか話し合うようにする。	・写真をス論部の「助きているゴールと表す活動その際，叙述を示る。

貫　く　「問い」　〉

ようにリーフレットに表現すればよいか?

❸ ヤドカリとイソギンチャクの関係を図に表すとどん

❹ イソギンチャクがついている場合とついていない場合を比べるよさは何か?【評価】

❺ 2つめ、3つめの問いと答えは、必要か?【評価】

表現・交流の観点
- 「問い→答え」の構成をもとに表現することができたか。
- 結論を明確に示し、結論とのつながりを意識して「問い→答え」を取り上げているか。
- 結論とのつながりから「問い→答え」の順序性を考えて表現できたか。

の関係

比較思考の評価

述べ方の評価
段落相互の関係

ポイント

③〉	〈問い④〉	〈問い⑤〉	〈表現・交流〉
タート，結け合って生のです。」をして，図にを設定する。根拠にしたすようにす	• ついている場合とついていない場合を比較して説明するよさを実感することができるように，ついている場合のみで説明した文章を提示する。	• 段落相互の関係をもとにした述べ方の工夫に気づくことができるように，２つめ・３つめの問いを削除した文章と比較する活動を設定する。	• 結論につながる大きな問いをリーフレットのタイトルとして表現させる。グループごとに「おすすめリーフレット」を話し合う活動を設定する。

4 解釈の「問い」の授業

▶授業のねらい◀

「3つの『問い→答え』のまとまりの中で，最も大切な『問い→答え』はどれか？」を話し合うことを通して，まとまりの順序性をもとに，筆者の考えと事例との関係性をとらえることができる。

全体をとらえる

◎ステージづくり

「問い→答え」のまとまりって，いくつあるのだろうか？

- 4つかな。
- 3つだと思うよ。
- 答えはいくつあるのだろう。

ズレ・立ち止まりをつくる

◎本時の「問い」

最初の問いが一番大切か？　それとも最後の問いか？

- 最初の問いが大切だと思うよ。だって，写真を見てわたしも「どうしてこんなにイソギンチャクをつけているのか」と不思議に思ったから。
- 2つめの問いはそんなに大切ではないと思うな。だって「どうやってイソギンチャクを貝殻に移すか。」は，興味はあるけど筆者が伝えたいこととはあまり関係がないから。
- でも，3つめの問いもそうかな。針で刺されるかどうかは助け合えるか，合えないかにすごく大切だよ。
- だったら4つめの問いが一番大切じゃないかな。ヤドカリばかりが得をすると「助け合っている」とは言えないけど，イソギンチャクも得をしていることがわかれば「助け合っている」と言えるから。

指導のポイント

- 視覚的に比較できるように，問いを短冊に書いて黒板に並べていく。
- 「たがいに助け合って生きている」という結論からずれないように，作成途中のリーフレットのまとめ部分を空欄にして提示し，当てはまる言葉を問う。
- 問いと答えの組み合わせの重要度による順序性の意図に論点が向かうように，それぞれの立場をネームカードで黒板に示して，理由を考え，グループ及び全体で交流する活動を設定する。

「ことばの仕組み」を見せる

◉思考の深化

最初の問いと最後の問いを入れ替えてはだめか？

- 写真を見て一番不思議に思うことは，最初の問いの「なぜ，ヤドカリは，いくつものイソギンチャクを貝がらにつけているのか。」だから，読む人のことを考えるとこの順序がよいと思う。
- 「助け合っている」ことを伝えたり，つながりを考えたりするとこの順序がよい。

・各段落の役割とまとまりの順序性の意図に気づくことができるように，問いを入れ替えてはだめか問い，考えをグループ・全体で交流する活動を設定する。

思考をふり返る

◉まとめ・発展

「ヤドカリとイソギンチャク」の問いの並べ方はわかりやすかったか？

- ヤドカリを見てすぐに感じる問いから始まって，お互いの利益のことを伝えるためには，わかりやすい並べ方だと思う。

・問いの順序性を説明の工夫としてとらえることができるように，自分のＱ＆Ａリーフレットに生かす工夫の一つとしてまとめさせる。

▶本時の板書◀

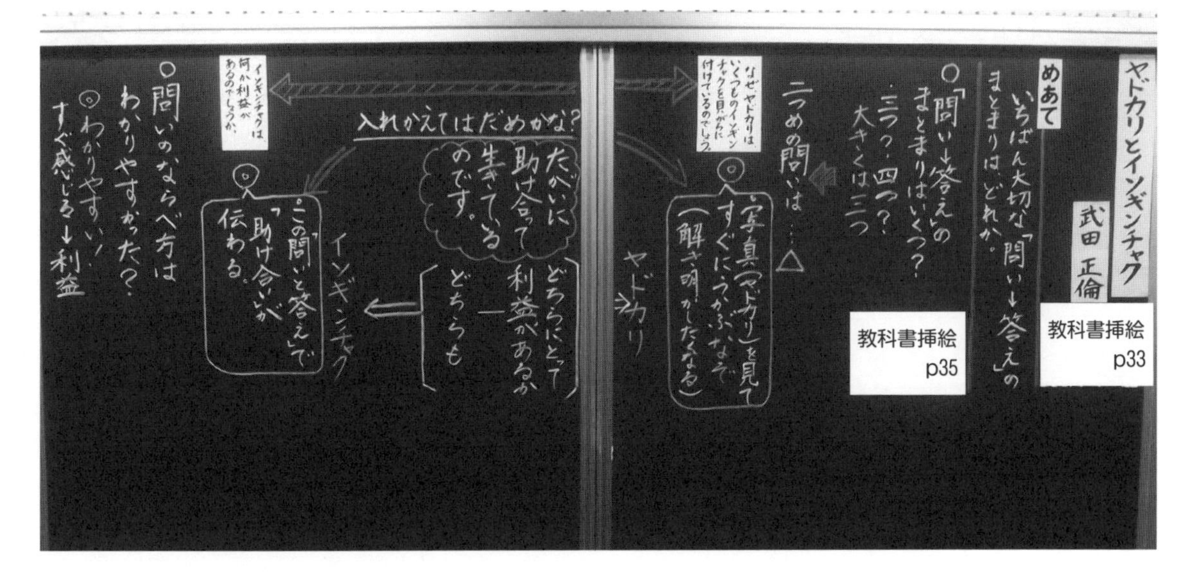

5 評価の「問い」の授業

▶授業のねらい◀

「２つめと３つめの『問い→答え』は何のためにあるのか」について，ない場合と比較して検討する活動を通して，段落相互の関係をもとにした述べ方の工夫に気づくことができる。

全体をとらえる

◎ステージづくり

この前の学習で，４つの問いと答えの組み合わせの中で，どれが一番大切だと思ったか？

- 写真を見てすぐに感じる最初の問いです。
- 助け合っていることがわかる最後の問いです。
- 「助け合い」を伝えるには，最初と最後のどちらの問いも必要です。

ズレ・立ち止まりをつくる

◎本時の「問い」

２つめと３つめの問いと答えの説明は必要か？

- 筆者が伝えたいのは「たがいに助け合って生きている」ということだから，２つめと３つめの問いはなくてもよいのではないかな。
- 「イソギンチャクがどうやってヤドカリの貝がらにつくのか」わたしも疑問に思うから，他の人もきっと知りたいと思う。だから必要です。
- 「イソギンチャクはヤドカリのことを敵だと思わないのか」疑問だから必要だと思う。
- 最初と最後の問いだけで，十分「助け合い」の説明をすることができると思う。やっぱり必要ないんじゃないかな。
- 確かに最初と最後の問いだけで助け合ってるっていうことはわかるね。でも，２つめと３つめの問いがあると，イソギンチャクとヤドカリは本当に必要なもの同士だっていうのが余計にわかるよ。

指導のポイント

- 問いの必要性に対する問いをもつことができるように，「どの問いと答えの組み合わせがいちばん大切か」を検討した学習を想起させる。

- 結論とのつながりだけを考えると２つめと３つめの問いは必要ない。しかし，これらの問いと答えにより，無味乾燥な説明がより豊かに感じられる。そうした筆者の考えにも思いをはせたい。
- ４つめの問いとのつながりに気づくことができるように，２つめと３つめの問いと答えのまとまりを削除した文章を提示する。

「ことばの仕組み」を見せる

◉思考の深化

「イソギンチャクは，どうやってヤドカリだと見分けるのか」という問いと入れ替えてはだめか？

- 「手あらな方法なのにイソギンチャクはいやがっていない」ということは伝わらない。
- 最後の「イソギンチャクの利益」の説明にうまくつなげるためには，２つめと３つめの問いは必要だと思う。

・つながりを意識した問いの必要性に気づくことができるように，「イソギンチャクは，どうやってヤドカリだと見分けるのか」という新たな問いを提示して比較する活動を設定する。

思考をふり返る

◉まとめ・発展

あなたのリーフレットではどの問いと答えも本当に必要か？なぜ必要（必要ない）か？

- 必要。最後のまとめにつながるようにするために。
- 必要ない。まとめと関係がないから。
- 必要。次の問いと答えにつなげるために。

・自分のリーフレットとのつながりから本時の学習内容を確かにすることができるように，各自のリーフレットの「Ｑ＆Ａ」の必要性を検討させる。

▶本時の板書◀

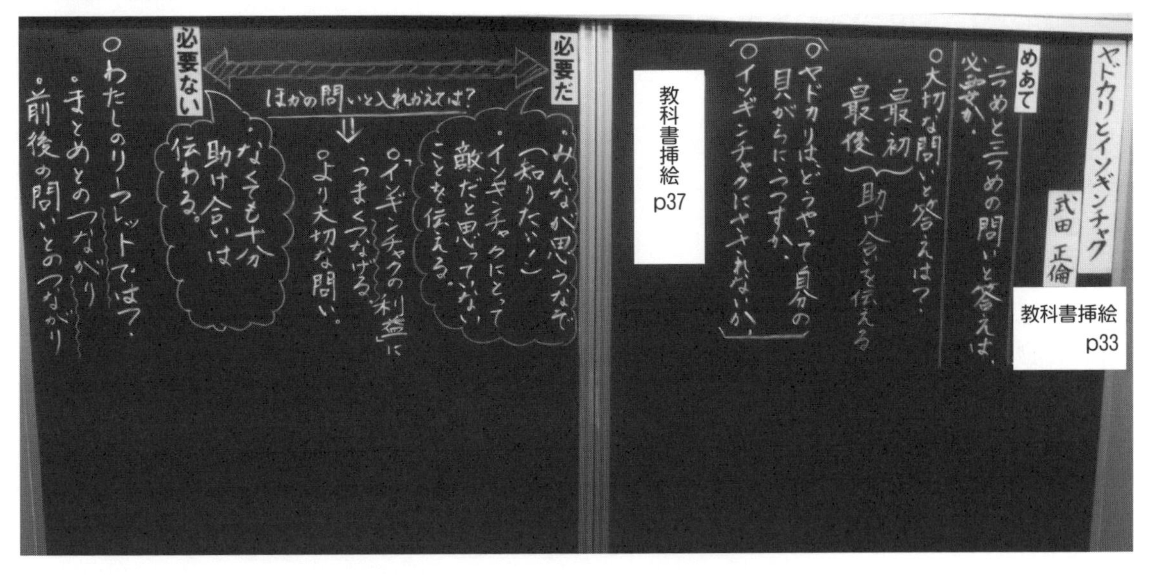

ヤドカリとイソギンチャク
武田 正倫
めあて
二つめと三つめの問いと答えは、必要か。
○大切な問いと答えは？
・最初
最後
助け合いを伝える
○ヤドカリは、どうやって自分の貝からにうつすか。
○イソギンチャクにさされないか。
教科書挿絵 p37
教科書挿絵 p33
必要だ
ほかの問いと入れかえては？
・みんなが思うなぞ（知りたい！）
・イソギンチャクにとって敵だと思っていないことを伝える。
○イソギンチャクの「利益」にうまくつなげる。
○より大切な問い。
必要ない
・なくても十分助け合いは伝わる。
○わたしのリーフレットでは？
・まとめとのつながり
・前後の問いとのつながり

第5学年 伝え方の効果をバタフライマップに！

教材名 「生き物は円柱形」(光村図書５年)

1 教材特性

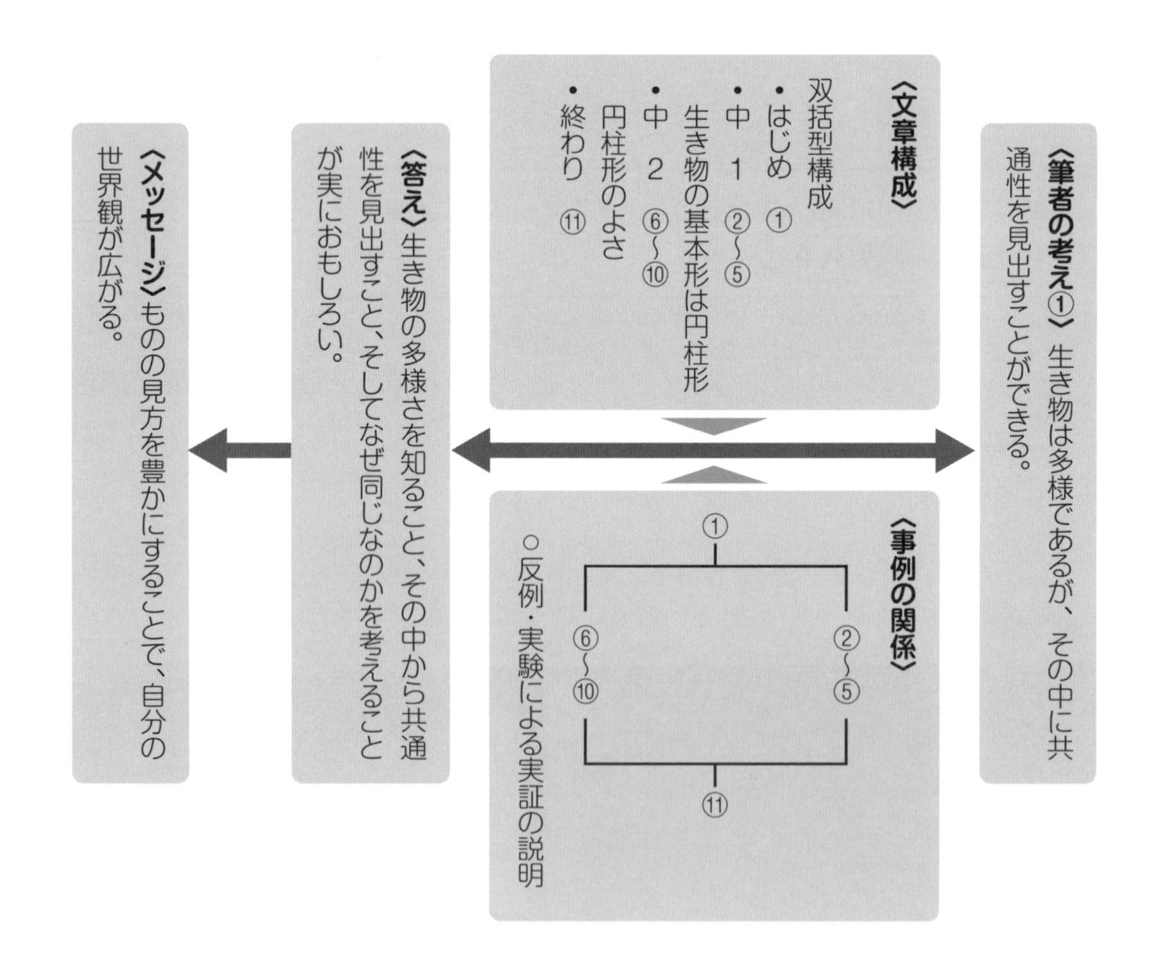

「生き物は円柱形」は，ものの見方を豊かにすることで，自分の世界観が広がるおもしろさを伝える説明文である。このことを伝えるための工夫として３点あげられる。

まず１点目は，文章全体の構成を双括型にしていることである。はじめの段落に，「生き物の最も生き物らしいところは，多様だということだろう。しかしよく見ると，その中に共通性がある。」と自らの考えをまず明らかにしている。読者は，生き物に多様性があることは認識しているが共通性に関する認識は薄い。そこで，筆者が最初に考えを提示することで，共通性というキーワードを意識づけ，読者は無理なく本説明文を読み解いていくことができる。

２点目は，説得の仕方である。本説明文において「生き物の基本形は円柱形であること」と「円柱形であることのよさ」の２つについて説明しながら説得している。1つめの「生き物の基本形は円柱形であること」の説得力をもたせるために例外を提示している。読者は読みながら円柱形ではないものもあるんじゃないかと自問自答しながらここまで読み進めるが，ここで例外を示すことで，どのように円柱形と見立てているのか，また全てではなく基本形が円柱形なのだと説得される。そして２つめの「円柱形であることのよさ」については，実験による実証を通して説明している。具体的な話題を提示したり，確たる証拠としてその根拠を述べたりすることで，読者の納得度が高まることの効果が得られる。また段落相互の関係から，筆者が主張している，共通性を見出しなぜ同じなのか考えることのおもしろさへのつながりにも重要な役割を果たしている。なぜ同じなのか筆者が考えたことが納得できればできるほど，筆者の主張への賛同が得られるという効果が期待できる。

３点目は，巧みな叙述である。11段落の最後の一文で「なぜ同じなのかを考えることも，実におもしろい。」とある。この文の「も」の一語が，筆者の主張をより強調しており，世界観を広げてほしいという筆者のメッセージにつながると考える。また，４段落と５段落の「～ではないぞ。～ちがうじゃないかと。～でも～。～でも～。」の叙述の仕方で，例外はあるが，生き物は基本的には円柱形と見立てることができることへの説得力を高めることができる。

以上，こうした特性に着眼すれば，例外や実験による実証，叙述の工夫がないサンプル文との比較が伝え方の効果の理解を深めていくだろう。

2　活動特性

バタフライマップとは，信州大学教育学部の藤森裕治氏（『バタフライ・マップ法』東洋館出版社，2007年）が提案する学習法で，４枚の蝶の羽に考え方の道筋を右上から「事実」「説明」「問題」「解決」と分けて記し，蝶の胸にはテーマを，その下には「是」「非」の立場と自分の解釈を記す。主に文学的文章で活用されているが，説明的文章での活用も有効であると考える。児童が説明文を読み，その説明文が納得できるものであったか評価をする際，本文の分析と効果を構造的にまとめることができる。今回はモデル文とサンプル文の比較を通した学習を設定しており，右の２枚の羽にはサンプル文の分析とその効果を，左の２枚の羽にはモデル文の分析と効果をそれぞれ示し，よい点と問題点を色分けして書くことで情報を整理することはもとより，他者の考えも視覚的・瞬間的にとらえることができ，作品の評価をする上で大変有効な手立てだと考える。以下，バタフライマップ作りの要件である。

- 分析は，本文中の説明の工夫を具体的に記すこと
- 効果は，筆者の主張の説得力を高めているか記すこと

3 「問い」のある単元づくり

言語活動の設定

筆者（モデル文）と教師（サンプル文…例外や実験による実証、叙述の工夫がないもの）の文章を比較し、モデル文の伝え方の効果を見つけて、バタフライマップ作りの言語活動を設定する。

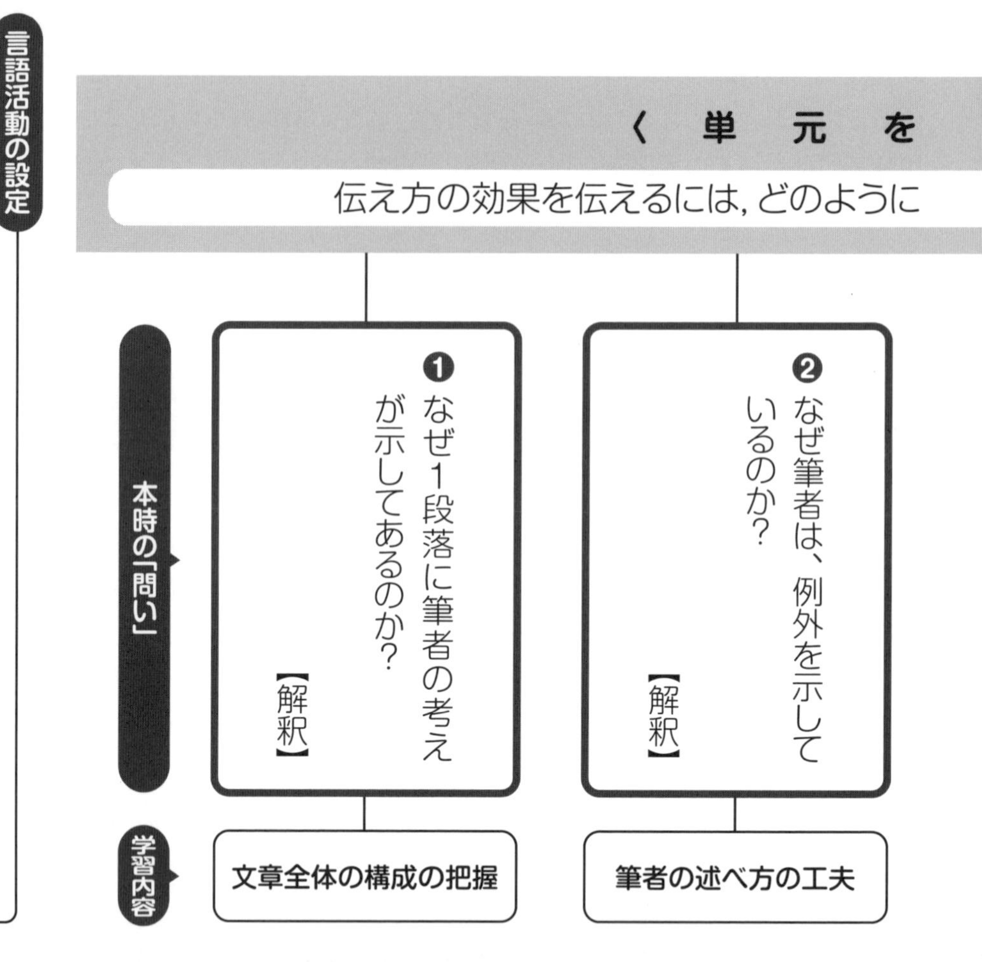

〈単元を
伝え方の効果を伝えるには，どのように
本時の「問い」
❶なぜ1段落に筆者の考えが示してあるのか？
【解釈】
❷なぜ筆者は、例外を示しているのか？
【解釈】
学習内容
文章全体の構成の把握
筆者の述べ方の工夫

指導の

〈言語活動の設定〉	〈問い①〉	〈問い②〉
・筆者と教師の文章を比較し，筆者の文章にはどのような伝え方の工夫があるのか，また，どちらに説得力があるのかバタフライマップにまとめていくという，単元の学習課題を設定する。	・本文の文章構成について，双括型にしている理由を中心に話し合わせる。このことで文章の内容を大筋で理解させ，段落の相互関係や各段落の要点をつかませる。	・例外を示すこと，また叙述を工夫（～ではないぞ。～違うじゃないか。でも～）することで，考えに説得性をもたせていることに気づかせ，その効果について話し合わせる。

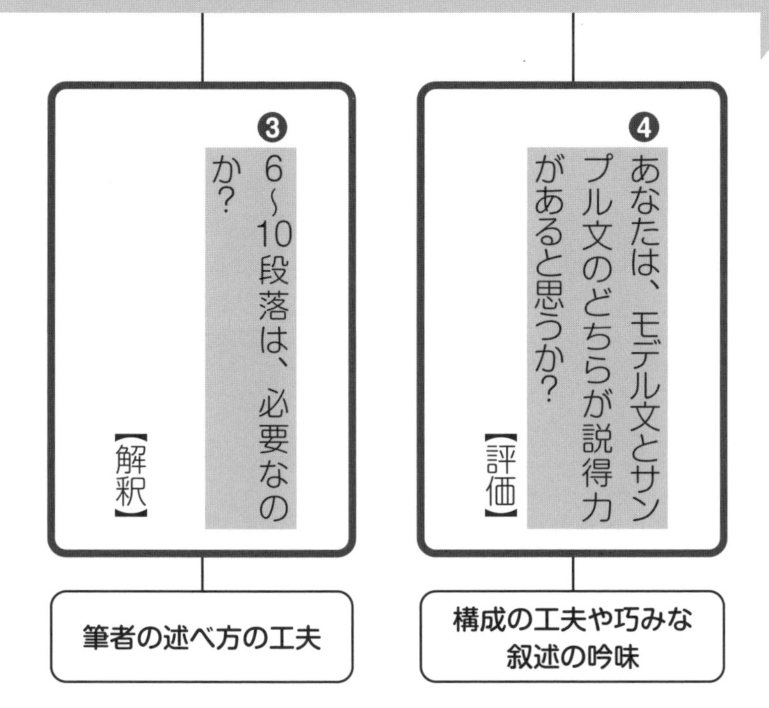

貫　く「問い」　〉
バタフライマップに表現すればよいか?
❸ 6〜10段落は、必要なのか?
【解釈】
筆者の述べ方の工夫
❹ あなたは、モデル文とサンプル文のどちらが説得力があると思うか?
【評価】
構成の工夫や巧みな叙述の吟味

表現・交流の観点

伝え方について、文章に書かれている話題、理由や根拠となっている内容、構成の仕方や巧みな叙述をもとに分析し、その効果を表現できているか。

ポイント

〈問い③〉	〈問い④〉	〈表現・交流〉
• 6から10段落の必要性を話し合わせ，筆者は生き物の多様さや多様性の中から共通性を見つけることだけでなく，共通性の根拠を考えることをおもしろいと主張していることに気づかせる。	• 例外を示すことや実験による実証があったり，叙述に工夫があったりするのとしないのではどう違うのか，その効果について分析させ，構成の仕方や叙述の仕方について吟味させる。	• 再読したことを通して，筆者の伝え方を工夫することで得られる効果をモデル文とサンプル文で比較しながら分析させ，その効果について，バタフライマップで評価し，交流させる。

4 解釈の「問い」の授業

▶授業のねらい◀

６段落から10段落は必要なのかを話し合うことを通して，筆者の考えるおもしろさが何か読み取り，筆者の伝えたいことをまとめることができる。

全体をとらえる

◎ステージづくり

生き物は円柱形であることは，本文のどの段落でわかったか？

- ５段落です。だって，５段落で筆者が例外まで出して主張していたからです。
- ５段落です。なぜなら，その先は円柱形のよさについて説明しているからです。

ズレ・立ち止まりをつくる

◎本時の「問い」

６段落から10段落は，必要なのか？

- 必要だと思います。なぜなら，生き物は円柱形と見立てるよさを説明していないと，円柱形のイメージがつかみにくいからです。
- 必要ないと思います。もう読者が，生き物を円柱形として見ることに，納得しているからです。
- 必要だと思います。11段落に「実におもしろい」とあります。５段落の次に11段落が来ると，つながりがおかしくなると思います。
- 必要だと思います。筆者が読者に伝えたいことは生き物の基本形は円柱形だということではなくて筆者がおもしろいと思っていることです。そのおもしろさを伝えるために必要な段落だからです。

指導のポイント

- 児童が考えるおもしろさ（生き物を円柱形として見ること）と筆者の考えるおもしろさとのズレに気づかせるために，６段落から10段落の必要性について考えさせる。
- ６段落から10段落は，円柱形のよさが書かれている。これは筆者が，生き物を円柱形と見立て，そのよさを実験によって実証したものであり11段落の筆者の主張の根拠として欠かせない重要な段落であることに気づかせる。
- 各形式段落の要点を一覧表にまとめ，段落相互の関係をとらえやすくする。

「ことばの仕組み」を見せる

◎思考の深化

実に，何がおもしろいのか？

- 共通性を見つけ，なぜ同じなのか考えることが実におもしろいと書いてあるから，自分なりの発見をした後，そのことを深く考えたり，調べたりすることがおもしろいと主張していると思います。

- 実に何がおもしろいのか問うことにより，筆者の主張をとらえさせる。
- 筆者の主張をとらえた後，筆者の意図を考えさせることにより，メッセージについて考えさせる。

思考をふり返る

◎まとめ・発展

筆者の考えるおもしろさから伝わる，
筆者のメッセージとは何か？

- いろんな出来事の見方を変えることで，おもしろい発見があることです。
- 自分で見つけ出した発見の理由を考えることが，さらにいろんな発見につながることです。

- メッセージはペアや小集団で話し合いながら，最終的に自分の考えをまとめさせる。

▶本時の板書◀

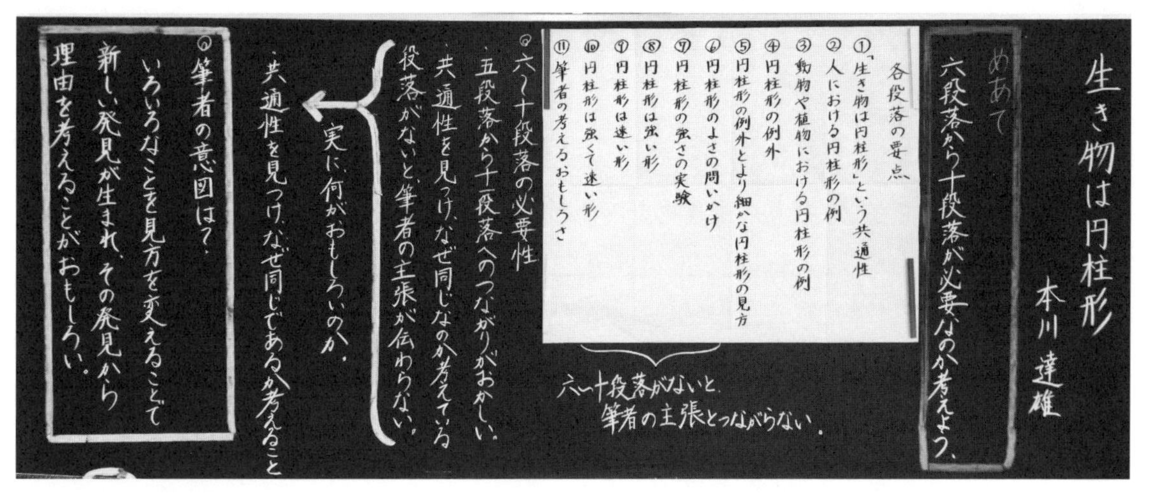

5 評価の「問い」の授業

▶授業のねらい◀

モデル文とサンプル文のどちらがより説得力があるか話し合う活動を通して，筆者の述べ方の工夫について評価することができる。

全体をとらえる

◉ステージづくり

筆者の考えるおもしろさとは，どんなことか？

- 生き物の多様さを知ること，多様なものの中から共通性を見出すこと，そしてなぜ同じなのか考えることの３つです。

ズレ・立ち止まりをつくる

◉本時の「問い」

あなたはモデル文とサンプル文のどちらに説得力があると思うか？

- モデル文の方がよいと思います。なぜならモデル文には例外が示してあり，生き物は円柱形と見ることができないと感じている読者に対してとても説得力があるからです。
- モデル文です。筆者の予想を実験によって証明することで，円柱形のよさがイメージしやすくなり，筆者の主張がより伝わるからです。
- モデル文です。「ちがうんじゃないか。～でも…」の叙述の仕方がとても心に残り，生き物を円柱形として見ることができたからです。
- サンプル文です。伝えたいことも書かれてあり，短く簡潔にまとめられているからです。
- 伝えたいことが短くまとめてあるのはサンプル文のよさだと思います。でも，これは本当なの？　なぜそうなったの？　など考える楽しさがないと思います。

指導のポイント

- 単元のはじめに話し合ったモデル文とサンプル文の伝わり方にズレがあったことを想起させ，筆者の伝えたいことを再確認する。

- モデル文とサンプル文における説明の工夫についてそれぞれ分析することで，どちらがより説得力があるか話し合わせる。
- 前時までに確認してきた例外の提示や実験による実証，叙述の工夫以外に，例示してある話題や，説明の根拠となる内容も吟味の視点として与え，より深い話し合いができるようにする。

「ことばの仕組み」を見せる

◉思考の深化

わかりやすさの決め手は何か？

- 例外を示したり，実験による実証をしたりして文章全体の構成を工夫することです。それが筆者の主張を強調しています。
- 叙述の仕方を工夫することです。このことで読者の心に強く残り，より説得力が増します。

・要点をまとめた表を提示することで，文章全体における効果を考えさせる。このことで，筆者の構成の工夫や叙述の工夫により筆者の主張に，より説得力が高まることに気づかせる。

思考をふり返る

◉まとめ・発展

本川達雄さんの説明文は，わかりやすかったか？

- 構成や叙述の仕方，例示してある話題などが工夫されていて，とてもわかりやすかったです。
- わかりやすさだけじゃなくて，いろいろ考えさせられて，おもしろさもあったし，生き物を見る目が変わったと思います。

・説明文とは，読者を説得するために工夫に工夫をこらしたものであることに気づかせ，今後の説明文の読みに生かしていく動機づけを図る。

▶本時の板書◀

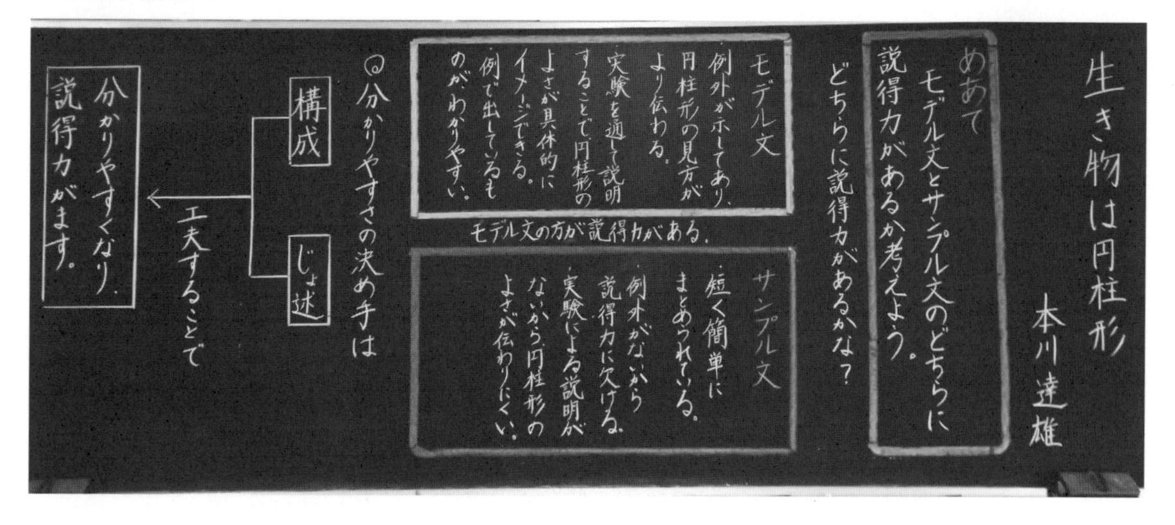

第6学年 評論文を書こう

教材名 「『鳥獣戯画』を読む」(光村図書6年)

1 教材特性

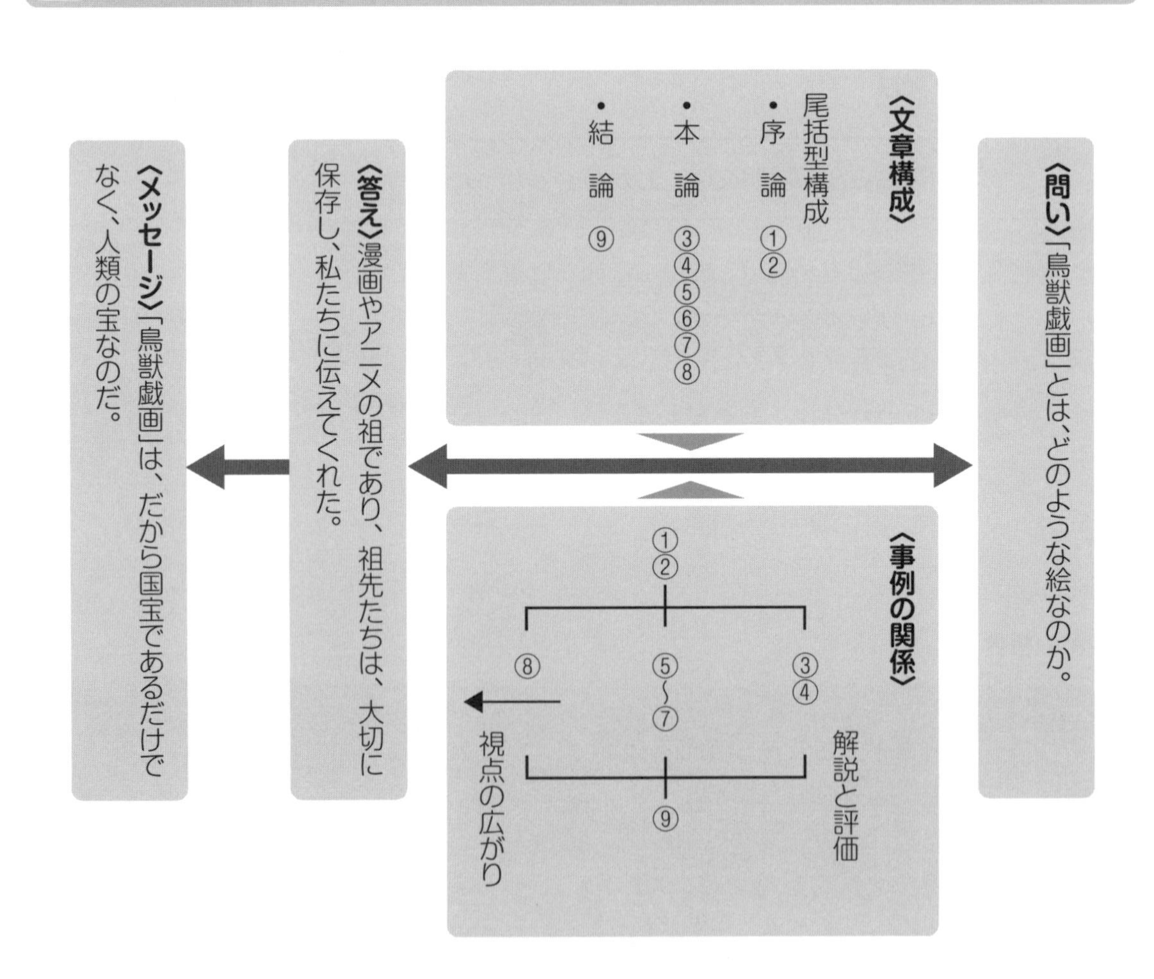

「『鳥獣戯画』を読む」は，国宝である「鳥獣人物戯画」甲巻，通称「鳥獣戯画」を題材とし，その一場面を取り上げて，解説を交えながら評価した評論文である。筆者は，アニメーション監督の高畑勲さん。高畑さんは，絵の一場面を取り上げて，その形や大きさ，筆さばきなど細部にわたって解説し，多様な言葉で評価している。また，語りかけるような文末や体言止め，断定など巧みな表現で書かれているため，難解な語句があるにもかかわらず読みやすく，

読者を引き込むような書きぶりであり，筆者の「鳥獣戯画」に対する思いが伝わってくる。

本文は，序論（１・２）・本論（３〜８）・結論（９）の９段落からなる尾括型の構成である。問いと答えの関係ははっきりせず，筆者の絵に対する解説部分（事実）と解釈・評価（感想・意見）で論を進め，最後に，「『鳥獣戯画』は，だから，国宝であるだけでなく，人類の宝なのだ。」と主張している。本論に目を向けると，大きく３つのまとまりに分けることができる。３・４段落では，「鳥獣戯画」を漫画の祖，アニメの祖として解説し，５〜７段落では，漫画のような吹き出し，動きや表情，時間の流れを詳しく解説し，評価している。８段落では，絵巻が作られた時代的背景を解説し，絵の力を使って物語を語る日本文化の特色を述べている。

ところで，６段落に目を向けると，「それぞれがどういう気分を表現しているのか，今度は君たちが考える番だ。」という一文がある。詳しく解説した最後にこの一文があることで，読み手である子どもたちは，絵を読んでみたいという意欲をかき立てられるはずである。ここに，筆者がこの一文を述べている意味があるのではないだろうか。この一文がある意図を解き明かすことにより，子どもたちは筆者の思考を想像しながら読むことができる。

さらに８段落は，これまで筆者が述べてきた「鳥獣戯画」の解説や解釈，評価と視点が異なっている。「鳥獣戯画」から視点を外し，日本文化の特色へと視点をあてている。この段落の役割は何だろうか。それは，「鳥獣戯画」は，850年ほど前から脈々と続く，絵で物語を語る日本文化の源流であることを示すためであろう。さらに，世界を見渡してもこれほど自由闊達なものは見つかっていない。祖先たちが大切に保存し，私たちに伝えてくれたとすれば，９段落の筆者の主張に欠かせない段落である。この８段落の役割を読み取ることで，より説得力をもつ根拠として筆者の主張に共感できるものとなる。

2　活動特性

評論文とは，書き手独自の目線で，目の前にある現象（事実）を解説し，評価した文章である。表面的には誰もが同じものを見ているが，その中に，書き手にしか見えていない見方・考え方を示し，読み手を刺激する。評論文は，客観的というより，むしろ，主観的な要素が強くなるが，同時に，より納得や共感を得ようと，相手意識も強くなる。多くの場合，親しみやすい平易な表現が必要とされ，構成・叙述のうえにも様々な工夫が必要とされる。「『鳥獣戯画』を読む」では，一単位時間毎に読み解いたことについての一言コメントを書き，解説と評価のおもしろさを実感させ，自らも評論文を書くことに向かわせる。高学年の説明文指導の重点「事実と感想，意見などとの関係を押さえ，自分の考えを明確にしながら読んだりする力」を育てるのに適した言語活動である。以下，評論文を書く際の要件である。

- 解説と評価を区別して書くこと
- 自分独自の見方・考え方を書くこと
- 読み手を意識し，読み手を引き込むように書くこと

3 「問い」のある単元づくり

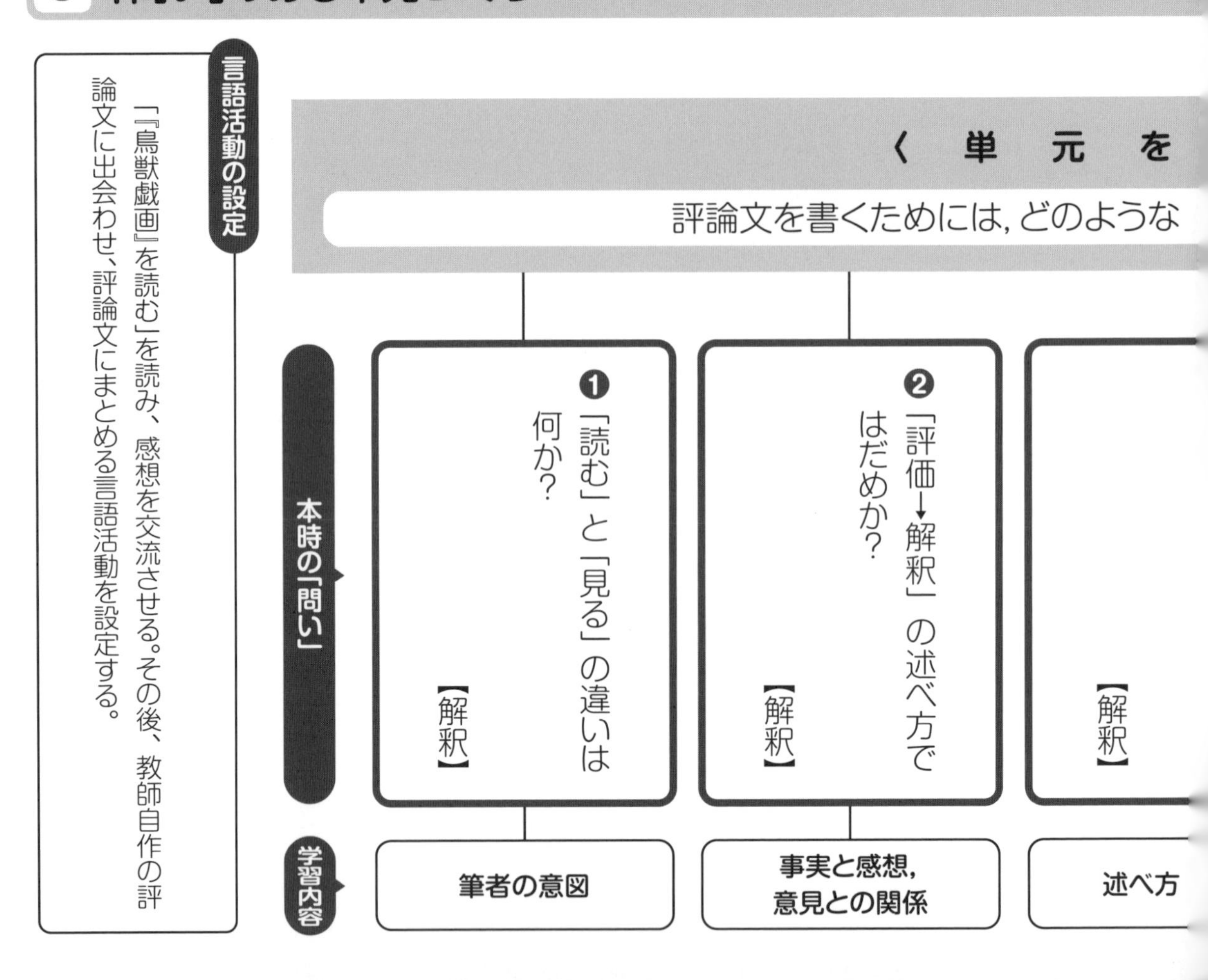

指導の

〈言語活動の設定〉	〈問い①〉	〈問い②〉	〈問い
• 教師自作の評論文を提示することにより，評論文の大まかな内容をとらえさせる。筆者の述べ方を検討する活動に意欲をもたせるようにする。	• 「読む」とはどういうことなのかを考えることができるように，「読む」と「見る」を比較し，話し合わせる。筆者が絵について読んでいるところに目を向けさせる。	• 「解説，解釈，評価」の関係をとらえ，筆者の述べ方の工夫に気づくことができるように，順序を入れ替えた場合の伝わり方の違いを話し合わせる。	• 評価の言筆者の述に気づくるように，価の言葉の伝わりついて話

貫く「問い」〉

表現の工夫が，必要なのか?

❸ 評価の言葉はなくてもいいのではないか?

の工夫

❹ 「三匹の応援蛙」はどのような気分を表現しているか?
【解釈】

筆者の意図

❺ 8段落は必要か?
【評価】

述べ方の評価

表現・交流の観点

・「読む」を意識して具体的に解説し、評価を加えることができたか。
・自分の知識や経験、考えたことなどと関係づけながらまとめることができたか。

ポイント

③〉	〈問い④〉	〈問い⑤〉	〈表現・交流〉
葉に着目し，べ方の工夫ことができ6段落の評がない場合方の違いにし合わせる。	・「今度は君たちが考える番だ。」の一文に気づかせ，このように述べている筆者の意図を考えることができるように，「三匹の応援蛙」について話し合わせる。	・8段落の効果について気づくことができるように，異なる視点で書かれた8段落が必要かを話し合わせ，どの一文の説得力が高まるのかを考えさせる。	・これまでに書いた一言コメントをもとに評論のコツを意識し，「○○を読む」と題して，評論文を書かせる。全体で評論文を読み合い，感想を交流する。

4 解釈の「問い」の授業

▶授業のねらい◀

「三匹の応援蛙」について話し合う活動を通して，「今度は君たちが考える番だ。」と述べている筆者の意図をとらえ，自分の考えをまとめることができる。

全体をとらえる

◉ステージづくり

絵の中で，高畑さんが詳しく解説していない生き物は何か？

- 三匹の応援蛙。「ポーズと表情もまた，実にすばらしい。」としか書いてないから。
- 「それぞれが，どういう気分を表現しているのか」って問いを示しているよ。

ズレ・立ち止まりをつくる

◉本時の「問い」

「三匹の応援蛙」はどのような気分を表現しているのか？

- 応援蛙はすごく楽しそう。うずくまって笑ったり上をむいて笑ったりしているから。
- 大喜びしていると思うよ。本当は大きな兎に，蛙が相撲で勝ってしまうのだから。うずくまっている蛙は，目をつぶっているように見えるからうれし泣きをしているのかもしれない。
- そう考えると，応援している兎たちは，ちょっと余裕があるように見えるね。だって，蛙が反則技を使っているのに，笑いながら抗議するくらいだから。
- 両手を広げている蛙は「次はぼくの番だ」って言っているのかも。
- 三匹の応援蛙のそれぞれ喜び方が違っているから，余計に楽しそうに見えるね。

指導のポイント

・「三匹の応援蛙」について話し合うことができるように，絵の中で詳しく解説していない動物は何かを問い，７段落の「今度は君たちが考える番だ。」という叙述に気づかせる。

・筆者は，７段落で「今度は，君たちが考える番だ。」と述べている。この一文があることで，読み手に，絵を「読む」ことの興味をもたせる効果がある。
絵について，子どもたちに様々な読みをさせた後，筆者がこの一文を述べた意図について考えさせる。

「ことばの仕組み」を見せる

◉思考の深化

高畑さんは，みんなに何を考えてほしいと思ったのか？

- 「鳥獣戯画」のよさをみんなに知ってほしいと思ったんじゃないかな。
- 読み手にも絵を読むということをしてほしかったと思う。

- 「三匹の応援蛙」の様々な読みが出てきたところで，「今度は君たちが考える番だ。」と述べている筆者の意図に気づくことができるように，この一文を通して筆者が何を考えてほしかったのかを問う。

思考をふり返る

◉まとめ・発展

絵を読んだことで，「鳥獣戯画」のよさは伝わったか？

- 伝わった。絵を読むということは，じっくり絵を見ないといけないし，そこから想像しないといけないから。
- 一つ一つの動きや表情に隠れているものを考えて見つけていくことで「鳥獣戯画」がただのおもしろい絵じゃなくなってくるね。

- 絵を読んだことで「鳥獣戯画」のよさは伝わったかを考えさせることで，筆者に対する一言コメントをまとめる。

▶本時の板書◀

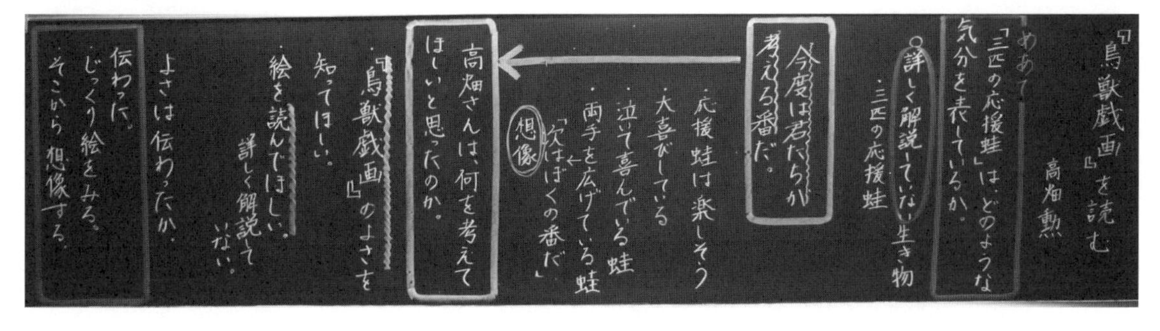

5 評価の「問い」の授業

▶授業のねらい◀

８段落の必要性を話し合う活動を通して，主張に説得力をもたせる述べ方の工夫に気づき，知識や経験，考えなどと関係づけながら自分の考えをまとめることができる。

全体をとらえる

◎ステージづくり

「『鳥獣戯画』を読む」のなかで，
違う視点で書かれた段落は，どの段落か？

- ８段落。だって，他の段落では「鳥獣戯画」のことを書いているけど，８段落は「鳥獣戯画」がつくられた時代のことを書いているから。
- 日本文化の特色のことも書いている。

ズレ・立ち止まりをつくる

◎本時の「問い」

８段落は必要なのだろうか？

- ８段落がなくても文章はつながるから必要ない。
- 必要ないと思う。だって，高畑さんは，「鳥獣戯画」のよさについて言いたいのだから，わざわざ制作された時代のことや他の絵のことを言う必要はないと思う。
- 必要だと思う。なぜなら，８段落のつくられた時代のこととか，絵巻物がどのように漫画やアニメに変わっていったのかの解説がないと，９段落の結論につながらないから。
- 必要だと思う。８段落で伝えたいのは，「日本文化の大きな特色」。高畑さんは，わざわざ８段落を書いたのだから，何か役割があると思う。
- ８段階で「日本文化の特色」について考えると，「鳥獣戯画」は，日本文化の代表的なものになるからよりすごい作品になるよ。

指導のポイント

・視点の異なる８段落に気づき，８段落の必要性に対する問いをもつことができるように，教材文の本論部分を読む活動を設定する。

・８段落は，絵の力で物語を語ることが日本文化の特色であることを述べている。８段落の役割は，９段落の「世界を見渡しても～」「祖先たちが大切に保存し，～」へと論を進めるための根拠となり，筆者の主張に説得力をもたせるために欠かせない段落である。８段落の必要性を話し合う中でこの役割に気づかせる。

「ことばの仕組み」を見せる

◉思考の深化

８段落があることで，どの一文の説得力が高まるのか？

- 「世界を見渡しても～」の一文。「そのころの絵」と書いているから，８段落とつながっている。
- 筆者の主張の一文。９段落は筆者が主張したいことのために向けて述べているから，８段落がないと説得力がないと思う。

・８段落の役割や９段落のつながりに気づかせた後，８段落があることで，どの一文の説得力がますかを問うことにより，筆者の主張に目を向けさせる。８段落があることで，筆者の主張により説得力をもつことをとらえさせる。

思考をふり返る

◉まとめ・発展

筆者の主張に共感できるか。それは，なぜか？

- 共感できる。８段落があることで，高畑さんが主張していることに説得力があるから。
- 共感できない。「鳥獣戯画」のよさは伝わるけど，人類の宝とまではいえないから。

・主張に共感できるかどうかを考えさせることで，筆者に対する一言コメントをまとめる。

▶本時の板書◀

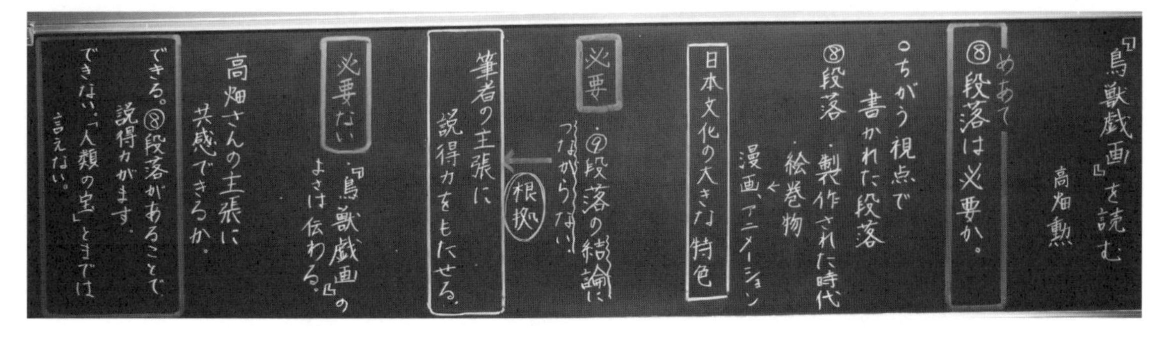

Column

児童作品と指導のポイント

どうぶつの赤ちゃんカード

（第１学年「どうぶつの赤ちゃん」）

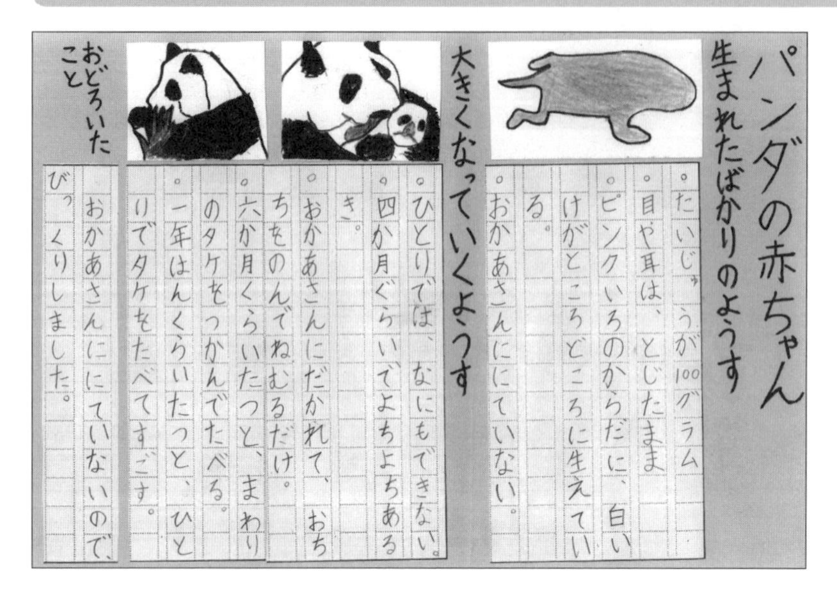

アドバイス

「生まれたばかりのときの様子」「大きくなっていく様子」の観点を再確認する。
好きな動物の赤ちゃんについての感想をもたせ，お互いの交流が深まるようにする。
文と挿絵との対応を大切にする。

ビーバーの巣作り説明書

（第２学年「ビーバーの大工事」）

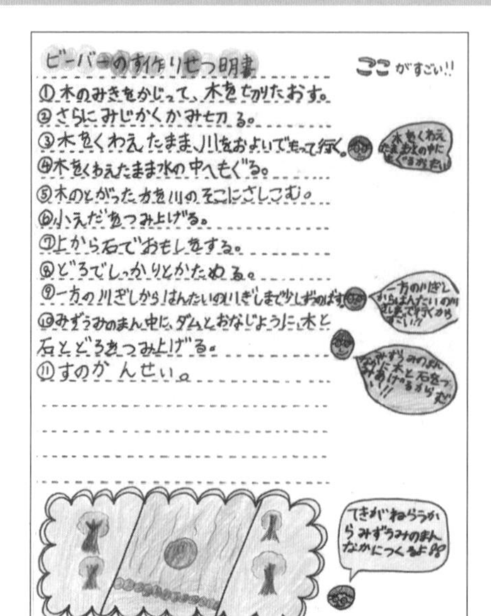

アドバイス

巣の作り方の順序は，学習をふり返りながら全体で書くようにする。「ここがすごい」の部分は，ビーバーが巣を作る過程で，特にすごいと思ったところを３つ選び，番号に合わせて書くようにする。人によって異なってよい。

絵文字の解説書

（第３学年「くらしと絵文字」）

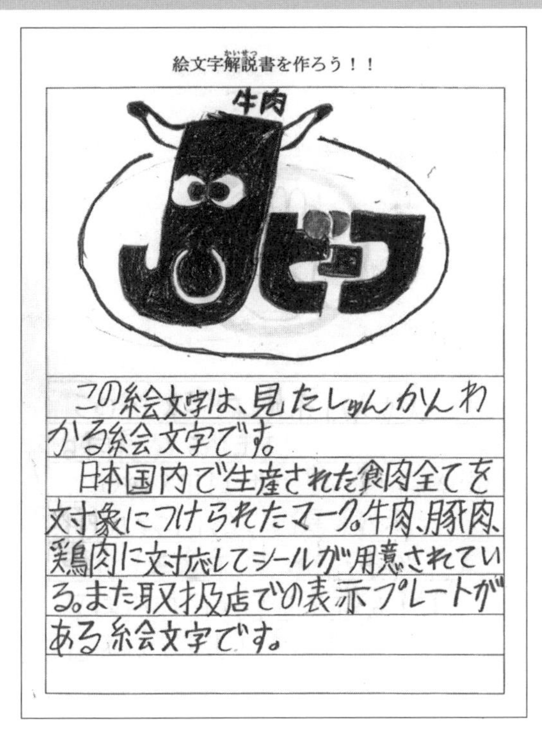
絵文字解説書を作ろう！！

この絵文字は、見たしゅんかんわかる絵文字です。
日本国内で生産された食肉全てを対象につけられたマーク。牛肉、豚肉、鶏肉に対応してシールが用意されている。また取扱店での表示プレートがある絵文字です。

アドバイス

児童の選んだ絵文字が「見た瞬間分かる」「親しみや楽しさを伝える」「年齢や言葉をこえる」の３つの特長のどれにあてはまるかを考えさせ，選んだ絵文字がどのように使われているかを具体的に書かせる。

生き物Q＆Aリーフレット

（第４学年「ヤドカリとイソギンチャク」）

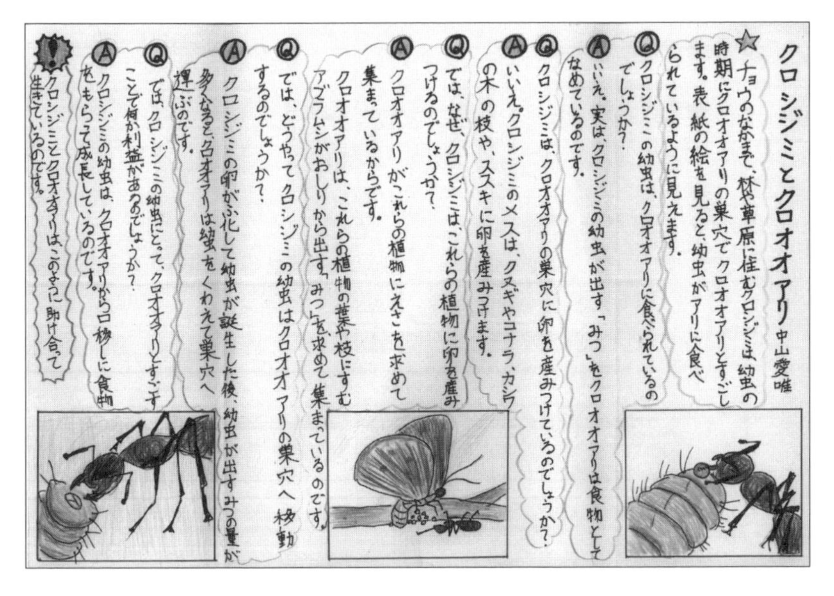
クロシジミとクロオオアリ　中山愛唯

☆チョウのなかまで、林や草原に住むクロシジミは、幼虫の時期にクロオオアリの巣穴でクロオオアリとすごします。表紙の絵を見ると、幼虫がアリに食べられているように見えます。

Q　クロシジミの幼虫は、クロオオアリに食べられているのでしょうか？

A　いいえ。実は、クロシジミの幼虫が出す「みつ」をクロオオアリは食物としてなめているのです。

Q　クロシジミは、クロオオアリの巣穴に卵を産みつけているのでしょうか？

A　いいえ、クロシジミのメスは、クヌギやコナラ、カシワの木の枝や、ススキに卵を産みつけます。

Q　では、なぜ、クロシジミは、これらの植物に卵を産みつけるのでしょうか？

A　クロオオアリがこれらの植物にえさを求めて集まっているからです。クロオオアリは、これらの植物の葉や枝にすむアブラムシがおしりから出す、みつを求めて集まっているのです。

Q　では、どうやってクロシジミの幼虫はクロオオアリの巣穴へ移動するのでしょうか。

A　クロシジミの卵がふ化して幼虫が誕生した後、幼虫が出すみつの量が多くなると、クロオアリは幼虫をくわえて巣穴へ運ぶのです。

Q　では、クロシジミの幼虫にとって、クロオオアリとすごすことで何か利益があるのでしょうか？

A　クロシジミの幼虫は、クロオオアリから口移しに食物をもらって成長しているのです。

！　クロシジミとクロオオアリはこのように助け合って生きているのです。

アドバイス

単元設定の際に，モデルを未完成の状態で示して子どもと中身を検討することで内容・形式に対する問題意識を高めることができる。問いの精選，順序性の検討を行うことで，段落相互の関係の吟味につながってくる。

バタフライマップ

（第５学年「生き物は円柱形」）

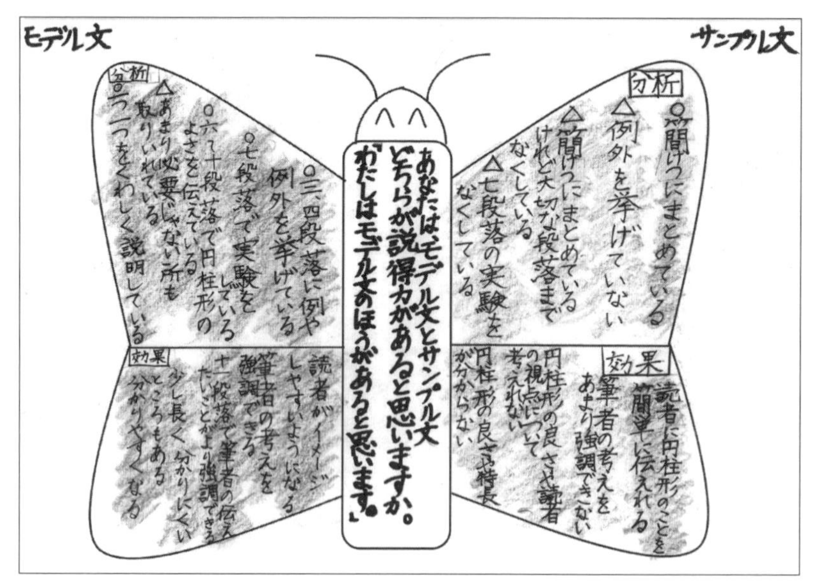

アドバイス

「分析」は筆者の説得の仕方に絞って書かせる。その際，できるだけ端的に，一文で書かせるとわかりやすい。「効果」は，説得力を高めるために，どのような点で効果的かを具体的に書かせることがポイントになる。

評論文

（第６学年「『鳥獣戯画』を読む」）

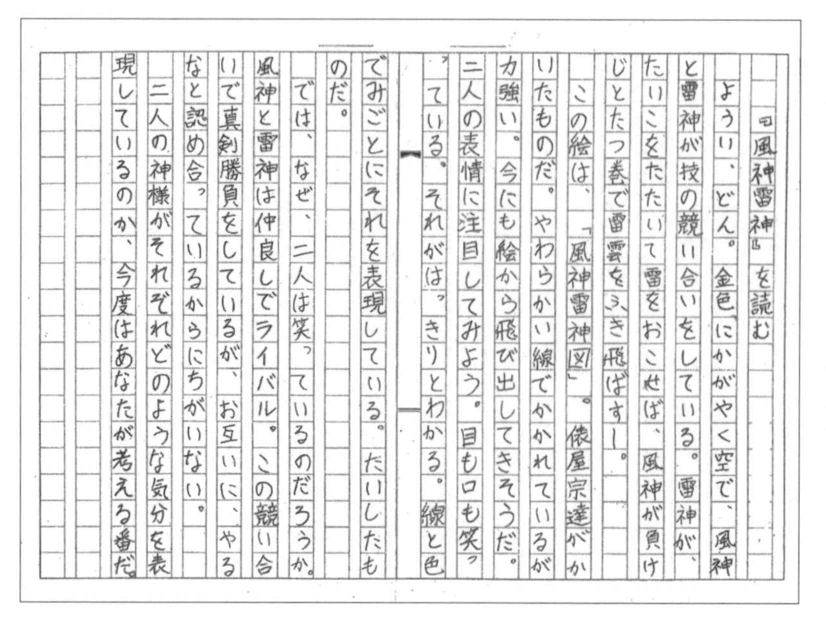

『風神雷神』を読む

ようい、どん。金色にかがやく空で、風神と雷神が技の競い合いをしている。雷神が、たいこをたたいて雷をおこせば、風神が負けじとたつ巻で雷雲をふき飛ばす。

この絵は、「風神雷神図」。俵屋宗達がかいたものだ。やわらかい線でかかれているが力強い。今にも絵から飛び出してきそうだ。

二人の表情に注目してみよう。目も口も笑っている。それがはっきりとわかる。線と色でみごとにそれを表現している。たいしたものだ。

では、なぜ、二人は笑っているのだろうか。風神と雷神は仲良しでライバル。この競い合いで真剣勝負をしているが、お互いに、やるなと認め合っているからにちがいない。

二人の神様がそれぞれどのような気分を表現しているのか、今度はあなたが考える番だ。

アドバイス

子どもたちが選んだ絵画を「○○を読む」として評論する。具体的な解説と評価をポイントに，オリジナリティーのある見方，考え方を称賛する。一文の短さ，体言止め，対話的な書きぶりなども参考にして書かせたい。

おわりに

田川郡小学校国語教育研究会の夢が実現できました。今から31年前，この研究会ができたとき，「研究会で本を出したいね」というひそかな夢が叶ったのです。

この夢が実現できたのは，香月正登先生との出会いのおかげです。香月先生との出会いは，平成24年８月に，田川郡小学校国語教育研究会の夏季研修会の講師としておいでいただいたことに始まります。また，平成26年２月に福智町立金田小学校で筑豊地区小学校国語教育研究大会を行ったとき，講演をしていただきました。これらのことが縁となって，ご指導いただき，この本が生まれたのです。

実践するにあたって，田川郡小学校国語教育研究会の多くの若い会員が難しく感じていたことは，主に次の２点でした。

❶　解釈の問いと評価の問いの違いがよくわからない。

❷　交流しても思考が深まらない。

この２点について，香月先生から次のようにご指導していただきました。

（1）　解釈の問いと評価の問い

「ごんぎつね」の最後場面で，「ごんは満足か，不満足か」という問いは，「解釈の問い，評価の問い」どちらだと思いますか。これは，解釈の問いだと思います。その理由は，作品の内から問うているからです。評価の問いは，作品の外から問うことが必要だと思います。作品を対象化して「あなたの見方・考え方」を問うことが評価の問いだと思います。そして，評価の問いの例として，次の２つを示していただきました。

①「ごんは，ぐったりと…うなずきました。」という表現は，悲しみを深くするか。

②「青いけむりが，まだつつ口から…」という表現は，心にしみいる終わり方か。

（2）思考を深める問い

交流を通して思考を深めるために，「思考の深化の問い」を設定するようにしています。子どもに「ことばの仕組み」を考えさせることによって，思考を深めようとしています。ここは，授業のキーポイントになるところです。

田川郡小学校国語教育研究会は，平成25年12月に創立30周年記念行事を行いました。恩師の兵庫教育大学名誉教授・中洌正堯先生に記念講演をしていただきました。そのときの演題は，「国語の授業の新しいデザイン」でした。田川郡小学校国語教育研究会も子どもの「ことばの力」を育むために，新しい一歩を踏み出していきたいと思います。

最後に，この本を出版する機会を与えていただき，細部にいたるまで労をとってくださった明治図書編集部の方々に心より感謝申し上げます。

福智町立金田小学校長　桑野　徳隆

福智町立上野小学校長　渡邊　伴子

主な引用・参考文献リスト

- 水戸部修治『単元を貫く言語活動のすべてが分かる！　小学校国語科授業＆評価パーフェクトガイド』明治図書（2013. 1）
- 田近洵一『創造の〈読み〉新論―文学の〈読み〉の再生を求めて』東洋館出版社（2013. 5）
- 田近洵一他『文学の教材研究―〈読み〉のおもしろさを掘り起こす』教育出版（2014. 3）
- 長崎伸仁・吉川芳則・石丸憲一『読解と表現をつなぐ文学・説明文の授業』学事出版（2013. 3）
- 長崎伸仁『表現力を鍛える説明文の授業』明治図書（2008. 5）
- 長崎伸仁・石丸憲一『表現力を鍛える文学の授業』明治図書（2009.12）
- 全国大学国語教育学会『国語学力調査の意義と問題』明治図書（2010. 3）
- 有元秀文『必ず「PISA 型読解力」が育つ七つの授業改革』明治図書（2008. 2）
- 有元秀文『教科書教材で出来る PISA 型読解力の授業プラン集』明治図書（2009. 1）
- 桂　聖『国語授業のユニバーサルデザイン　全員が楽しく「わかる・できる」国語授業づくり』東洋館出版社（2011. 2）
- 桂　聖・授業のユニバーサル研究会沖縄支部『教材に「しかけ」をつくる国語授業10の方法　文学アイデア50』東洋館出版社（2013. 2）
- 桂　聖・授業のユニバーサル研究会沖縄支部『教材に「しかけ」をつくる国語授業10の方法　説明文アイデア50』東洋館出版社（2013. 4）
- G. ウィギンズ／ J. マクタイ著・西岡加名恵訳『理解をもたらすカリキュラム設計―「逆向き設計」の理論と方法』日本標準（2012. 4）
- 吉川芳則『小学校説明的文章の学習指導過程をつくる』明治図書（2002. 1）
- 吉川芳則『クリティカルな読解力が身につく！　説明文の論理活用ワーク・低学年』明治図書（2012. 8）
- 吉川芳則『クリティカルな読解力が身につく！　説明文の論理活用ワーク・中学年』明治図書（2012. 8）
- 吉川芳則『クリティカルな読解力が身につく！　説明文の論理活用ワーク・高学年』明治図書（2012. 8）
- 白石範孝『教材がわかる！授業ができる！　３段階で読む新しい国語授業』文渓堂（2011. 3）
- 白石範孝『論理的に読む国語授業づくり・低学年』明治図書（2013. 2）
- 白石範孝・田島亮一『論理的に読む国語授業づくり・中学年』明治図書（2013. 2）
- 白石範孝・香月正登『論理的に読む国語授業づくり・高学年』明治図書（2013. 2）
- 堀江祐爾『国語科授業再生のための５つのポイント』明治図書（2007. 6）
- 藤森裕治『バタフライ・マップ法　文学で育てる〈美〉の論理力』東洋館出版社（2007. 5）
- 全国国語授業研究会・二瓶弘行・青木伸生『活用力を育てる文学の授業』東洋館出版社（2008. 8）
- 香月正登『子どもの思考を「見える化」する！　考える国語のノート指導』明治図書（2012. 1）
- 香月正登『あらゆる教材を「図解」する！小学校国語科教材研究シートの活用』東洋館出版社（2013. 8）

【執筆者一覧】

香月　正登　　山口県下関市立小月小学校
※はじめに・第１章

桑野　徳隆　　福岡県田川郡福智町立金田小学校
※おわりに　　（田川郡小学校国語教育研究会前代表）

渡邊　伴子　　福岡県田川郡福智町立上野小学校
※おわりに　　（田川郡小学校国語教育研究会現代表）

種具朋一郎　　福岡県筑豊教育事務所
※第２章１

國本　裕司　　福岡県田川郡糸田町立糸田小学校
※第２章２

山田　侑子　　福岡県田川郡福智町立上野小学校
※第２章３

藤田　昭介　　福岡県田川郡糸田町立糸田小学校
※第２章４

有竹　真吾　　福岡県田川郡大任町立大任小学校
※第２章５

稲富　哲市　　福岡教育大学附属小倉小学校
※第２章６

松内　暢子　　福岡県田川郡大任町立大任小学校
※第３章１

福間　理紗　　福岡県田川郡福智町立市場小学校
※第３章２

光尾　浩太　　福岡県田川郡福智町立金田小学校
※第３章３

中山　博紀　　福岡県筑豊教育事務所
※第３章４

中原　正文　　福岡県田川郡福智町立上野小学校
※第３章５

楠木文太郎　　福岡県田川郡福智町立弁城小学校
※第３章６

【編著者紹介】
香月　正登（かつき　まさと）
1967年（昭和42年）福岡県生まれ。山口大学大学院修士課程修了。現在，下関市立小月小学校勤務。全国大学国語教育学会員，全国国語授業研究会理事。国語教育探究の会・中国支部事務局長を務める。
（著書等）
・『子どもの思考を「見える化」する！　考える国語のノート指導』明治図書（2012. 1）
・『論理的に読む国語授業づくり　高学年』明治図書（2013. 2）
・『教科書教材の言葉を「深読みドリル」辞典』明治図書（2013. 4）
・『あらゆる教材を「図解」する！小学校国語科教材研究シートの活用』東洋館出版社（2013. 8）
・『「新たな学び」を支える国語の授業　上』三省堂（2013. 6）　等

【著者紹介】
田川郡小学校国語教育研究会
（たがわぐんしょうがっこうこくごきょういくけんきゅうかい）
昭和57年12月発足。昨年，創立30周年を迎える。田川郡の小学校教師で，国語教育の研究を志すもので組織している。毎月の例会はもとより，夏には合宿研修を行い，筑豊地区の国語に関わる行事の運営や研究大会での実践発表，公開授業などに精力的に取り組んでいる。どんな無理難題にも「イエス」か「はい」で答え，まずは，実践してみることを大切にしている。

小学校国語科
単元を貫く！「問い」のある言語活動の展開
―「考える力」が伸びる！読みの授業の新提案―

2015年2月初版第1刷刊　©編著者　香　月　正　登
2015年8月初版第2刷刊　著　者　田川郡小学校国語教育研究会
発行者　藤　原　久　雄
発行所　明治図書出版株式会社
http://www.meijitosho.co.jp
（企画）木山麻衣子（校正）坂元菜生子
〒114-0023　東京都北区滝野川7-46-1
振替00160-5-151318　電話03(5907)6702
ご注文窓口　電話03(5907)6668
＊検印省略　組版所　株式会社ライラック

Printed in Japan　ISBN978-4-18-178727-1